你不可不知的法律常识

生活中的法律问题百问百答

张志强◎著

中华工商联合出版社

图书在版编目（CIP）数据

你不可不知的法律常识 / 张志强著. -- 北京 : 中华工商联合出版社, 2017.4

ISBN 978-7-5158-1955-6

Ⅰ. ①你… Ⅱ. ①张… Ⅲ. ①法律－基本知识－中国 Ⅳ. ①D920.4

中国版本图书馆CIP数据核字(2017)第056369号

你不可不知的法律常识

作　　者：张志强
策划编辑：胡小英
责任编辑：李　健　邵桄炜
装帧设计：润和佳艺
责任审读：李　征
责任印制：迈致红
出版发行：中华工商联合出版社有限责任公司
印　　刷：唐山富达印务有限公司
版　　次：2017年5月第1版
印　　次：2020年3月第5次印刷
开　　本：710×1000mm　1/16
字　　数：266千字
印　　张：17.5
书　　号：ISBN 978-7-5158-1955-6
定　　价：48.00元

服务热线：010-58301130
销售热线：010-58302813
地址邮编：北京市西城区西环广场A座
19－20层，100044
http://www.chgslcbs.cn
E-mail：cicap1202@sina.com（营销中心）
E-mail：gslzbs@sina.com（总编室）

“民法总则于2017年3月15日第十二届全国人民代表大会第五次会议通过，自2017年10月1日起施行。”这个重磅消息一出，瞬间在我的朋友圈炸开了锅。编纂一部真正属于我们自己的民法典，是几代人的夙愿。这个愿望经过了几十年坚持不懈的努力，终于实现了，中国民事法律制度从此开启“民法典时代”。

这则消息让“法律”一词再一次上了热搜榜。这也让我们再一次意识到，法律与生活息息相关，我们需要读懂它。

处于社会群体中的任何一个人都会碰到大大小小的问题和麻烦，比如：新办的健身卡，还没去两次呢，健身房就关门了，怎么办？亲人去世了，他在银行中的存款取不出来，怎么办？把车借给朋友开，结果出了事故，怎么办？孩子在网络上遭遇同学的辱骂，不想去上学，怎么办？怀孕期间合同到期，公司不再续签合同，怎么办……

面对这些令人头痛的问题，我们中国人的习惯思维一般是大事化小，小事化了。有时候即使“吃亏”了，也是能忍则忍，不懂得用法律的武器来维护自己的合法权益。原因何在？很多人以为，“法律”离自己很远，基本上无须触碰，于是便自动地将自己排除在法律系统之外。殊不知，法律与我们的日常生活息息相关，一个人从出生到死亡，无不受到法律的规制。还有一些人一听到“法律”这个词就肃然起敬，认为“法律”是碰不得的。其实，法律既是匕首，又是盾牌，它既能约束人们的行为，又能保护人们不受侵害。

作为从事法律事务多年的专职法律工作者，我代理过无数起法律案件，对人们面对法律纠纷时的盲从与无奈深有体会。面对大大小小的法律问题，不仅是普通老百姓，就连受过高等教育的很多人都会感到力不从心，不知如何去解决。法律知识的缺失不仅会让人们的生活陷入泥沼之中，更会让不法分子有机可乘。日常生活中，我经常会帮助身边的朋友和一些生活困难的底层群众处理一些法律问题。其中，很多问题都是非常简单的，只需要掌握基本的法律常识就能够解决。

我知道，对于大多数人来说，法律还是一道难以逾越的高墙。即便遇到了法律问题，人们首先想到的是通过律师代理解决，而不是主动选择用法律知识来保护自己。如何让晦涩难懂的法律术语和法律条文接近人们的生活，如何让人们愿意去了解法律，提高自身的法律意识，是我在编写这本书时主要思考的问题。

为了能让广大读者看得懂、学得到、用得上，遇到法律问题时能不求人，我根据自己多年的从业经验和人们在日常生活中经常遇到的法律问题总结了以下几个方面的内容：生活与消费、夫与妻、父母与子女、资产与理财、企业经营与管理、诉讼与仲裁、犯罪与刑罚，对其中涉及的法律知识进行了详细的剖析与解答。

同时，为了增强本书的易读性，我特意将与人们生活紧密相关的法律问题放在了本书的最前面，然后用通俗易懂的语言来分析、解答这些法律问题，而将与之相应的、具体的、明晰的法律条文放在了最后，希望这种“开门见山”的编写模式能够被更多人所接受。也希望这本法律常识问答书能够帮助读者掌握一些法律常识，以免无意间触犯法律，更重要的是懂得如何运用法律来维护自身的权益。只有这样，我们才能在遇到法律问题时从容应对。本书是根据2017年3月15日第十二届全国人民代表大会第五次会议通过的《中华人民共和国民法总则》全新编写而成。由于《民法总则》通过后暂不废止《民法通则》，待民法典各编内容进行系统整合后才予废止，所以本书中仍然引用了《最高人民法院关于贯彻执行<中华人民共和国民法通则>若干问题的意见（试行）》等对《民法通则》相关内容进行解释的有关法律文件。由于民法总则通过后暂不废止民法通则，两个法律文件并行存在，如果遇到民法总则与民法通则的规定不一致之处，按照新法优于旧法的原则来处理。基于此，在本书中既有引用民法总则，也有引用民法通则仍然有效的规定以及与之相关的一些法律文件。

Part 1 生活与消费

Part 2 夫与妻

Part 3 父母与子女

Part 4 资产与理财

Part 5 企业经营与管理

Part 6 诉讼与仲裁

Part 7 犯罪与刑罚

Part 1

生活与消费

1. 酒后出事，同席者承担多大责任?

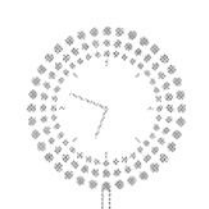

案例

2014年6月的一天，傅某与吴某等6人受邵某邀请参加酒席，庆祝其乔迁新居。席间，几个人相互划拳并敬酒，酒席结束后又来到邵某的家里喝茶聊天。晚上，傅某在回家的路上突然晕倒，在送医途中死亡。经司法鉴定，死亡原因为饮酒、饱食等因素诱发和加重冠心病发作而猝死。随后，傅某的家属将邵某、吴某等6名同席人员告上法庭，最终法院认定同席的6人对傅某的死负有一定责任，判决6名被告承担10%的连带赔偿责任，共计7万余元，其中作为聚会组织者的邵某承担30%的责任。

律师解答

生活中类似于案例中饮酒人因醉酒受伤或死亡的情况并不少见。作为同席饮酒的人，事实上已经建立了法律上的关系，彼此之间存在法律上的相互提醒和照顾义务。具体而言，在饮酒时对其他饮酒人一般应当承担提醒、劝阻、通知的义务，不让其过量饮酒；在酒后还要承担扶助、照顾、护送的义务，保障饮酒人的人身安全。如果同席人没有尽到这些义务，就属于“不作为”，如果饮酒人出现了身体伤害或死亡，两者就存在一定程度上的因果关系。法官正是基于此判决同席人承担赔偿责任。

至于是否赔偿以及赔偿多少，因为每个案件的细节不同，法院的判定结果也各不相同。比如在本案例中，法院认为傅某作为完全民事行为能力人，明知自己患有心血管疾病仍大量饮酒，应承担主要责任；而被告6人作为共同饮酒人，均未尽必要的提醒、劝阻义务，致傅某醉酒，酒后又没有尽到安全护送等义务，应承担次要责任；邵某作为组织者，在6个人中又应当承担主要责任。

具体而言，同席饮酒大致存在以下几种情况：

第一，同席者都喝酒了，而且相互劝酒，事后各自离去。这种情况下，同席者因为在喝酒时对其他成员没有劝阻，而且也没有将出事者送回家，因此都存在过错，相互之间都要承担赔偿责任。

第二，同席者都喝酒了，但没有相互劝酒，也对喝醉的人及时提醒。一般同席者很难举证证明自己进行了及时提醒，所以法院出于人道主义的目的，可能会判决其承担少量的赔偿，金额一般不会太大。

第三，同席者都喝酒了，但个别人中途离场，期间也未劝过酒。这种情况下，中途离场的人一般不需要承担责任。

赴宴饮酒看似生活中一件非常普通的事情，却蕴含着丰富的法律知识。从上面的案例分析看出，在饮酒的过程中也应当留个“心眼”，尽量不要劝酒，发现同伴醉酒后，一定要将其安全护送回家，避免同伴因饮酒发生意外，从而减轻或免除自己的责任。

法律依据

《中华人民共和国侵权责任法》

第六条　行为人因过错侵害他人民事权益，应当承担侵权责任。

根据法律规定推定行为人有过错，行为人不能证明自己没有过错的，应当承担侵权责任。

《中华人民共和国民法通则》

第一百三十二条　当事人对造成损害都没有过错的，可以根据实际情况，由当事人分担民事责任。

《最高人民法院关于审理人身损害赔偿案件适用法律若干问题的解释》

第三条　二人以上共同故意或者共同过失致人损害，或者虽无共同故意、共同过失，但其侵害行为直接结合发生同一损害后果的，构成共同侵权，应当依照民法通则第一百三十条规定承担连带责任。

二人以上没有共同故意或者共同过失，但其分别实施的数个行为间接结合发生同一损害后果的，应当根据过失大小或者原因力比例各自承担相应的赔偿责任。

2. 预付款消费，老板卷钱跑了怎么办?

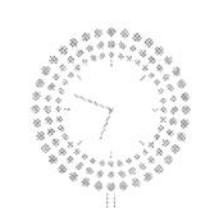

案例

叶女士居住的小区附近有一家高档美容院，有一次路过美容院门口，经不住店员的再三劝说，她办了一张5000元的会员卡。可是，刚做过一次美容，消费了500元之后，叶女士忽然发现美容院大门紧锁，原来是老板卷钱“跑路”了。店门前围满了人，既有讨薪的员工，也有像她这样的会员。后来，她了解到像她这样无法要回卡内余额的受害者有200多人，金额总计近50万元。于是，这些受害者建立了一个微信群，及时互通信息，交流如何维权。事发后，有部分会员曾向公安、工商、消协等部门求助，但事件过去几个月了，仍没有任何进展，讨要卡金无门的会员大多只好选择淡忘此事，只有少数人仍在维权的路上坚持着。

律师解答

当前，美容美发、婚纱摄影、健身减肥、洗浴游泳、汽车美容等行业的店家纷纷推出了先付款后服务的“预付款消费”，即以购买贵宾卡、会员卡等形式可享受不同档次的优惠、折扣，以此来增强消费者的“黏性”，消费者则以整存零取的方式消费。预付卡是企业自主发行的用于商品或服务的兑付凭证，但实际上又兼具融资、集资等类金融属性。目前，涉及预付卡的投诉绝大部分都与店家关门“跑路”有关，由于多数企业涉案金额达不到刑事立案条件，造成管理空白，消费者不断申诉维权。

事实上，商务部早在2012年就发布了《单用途商业预付卡管理办法（试行）》，其中明确规定，单用途预付卡归各级商务部门管理，发卡企业应在开展此业务之日起30日内前往所在地商务主管部门备案。如果不备案，且逾期不改正的，将被处以1万元以上3万元以下的罚款。但实际上由于缺乏有效的监管，备案企业数量少之又少，有些地区甚至“零备案”。办理备案的都是大企业，没办理备案的多是倒闭风险较高的小企业。

从合同法的角度看，消费者在购买预付卡后，实际上是与商家签订了书面合同或者口头约定，进行了预先消费支付的行为，双方的合同关系已经成立，如因商家的原因导致无法按照之前的约定提供服务的话，就是构成了违约行为，理应承担法律责任。遇到商家“跑路”的，消费者最好能够建一个维权群，带好相关证据一起找当地的消费者协会投诉，同时及时向当地的工商、商务、市场管理等主管部门投诉。但总体上，追回卡内资金的可能性还是较小，尤其是一些小公司、小商铺，日常监管存在盲区，发生问题后很难找到负责人，就像案例中的叶女士一样，消费者最后只能自认倒霉。

有一些消费者认为这属于诈骗行为，会到派出所要求立案调查，希望通过刑事手段追回损失。根据刑法规定，诈骗罪是指以非法占有为目的，用虚构事实或者隐瞒真相的方法，骗取数额较大的公私财物的行为。“跑路”商家是否构成诈骗罪，需要结合案情具体问题具体分析。如果商家在办卡时没有故意向消费者虚构事实，隐瞒真相，最初的确向消费者提供了服务，只是由于经营不善导致企业倒闭的，并不构成诈骗。一般公安部门会认为这种情况属于消费者和经营者之间的经济纠纷，不属于公安机关的管辖范围，只能建议其到法院通过诉讼的方式进行处理。

《中华人民共和国消费者权益保护法》

第五十三条　经营者以预收款方式提供商品或者服务的，应当按照约定提供。未按照约定提供的，应当按照消费者的要求履行约定或者退回预付款；并应当承担预付款的利息、消费者必须支付的合理费用。

3. 在网上被人辱骂该怎么办?

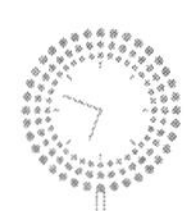

案例

程某和杨某原本是相交多年的好友，两人几年前还一起合作经营茶叶生意。但因为在经营理念和销售方式上出现了较大矛盾，2011年底，两人分道扬镳。可是杨某认为自己吃亏了，多次在他的微信朋友圈中指责程某，还捏造程某有婚外情，用多种不堪入目的低俗词汇在朋友圈辱骂程某。程某多次要求杨某停止侮辱，杨某不但没停止，反而变本加厉。程某认为，杨某捏造、散布虚假信息，对他的个人名誉进行恶意诽谤，对他本人及其家人造成了极大的精神困扰，侵害了他的名誉权，为此起诉到法院，要求杨某赔礼道歉、支付精神损害赔偿金1万元等。最终，法院判决杨某应向程某赔礼道歉，赔偿精神损害抚慰金3000元。

律师解答

网络给予了人们极大的发挥空间，宽松的环境可以尽情地抒发自己的情绪。但网络仍然有规矩，国家法律为网络行为划出了红线。一些人因为一些小的纠纷，在网上随意对别人进行辱骂，有的甚至在网上发帖进行公开辱骂和人身攻击，这是侵犯他人名誉权的行为。名誉是人们对于他人的品德、才干、声望、信誉和形象等各方面的综合评价，名誉权是一种人格权，在网络上对他人进行辱骂不仅是对他人人格的侮辱，更是对他人名誉的破坏，不但要承担民事侵权责任，情节严重的，可能受到公安部门的治安处罚，甚至可能构成诽谤罪，承担刑事责任。

法院在审理案件时判定是否构成民事侵权，主要看是否有侮辱、诽谤他人的加害行为、是否造成了他人名誉降低或者毁损事实的存在、加害行为和损害事实之间是否存在因果关系和行为人主观上是否有过错这四个条件，如果符合的话，侵权就成立。由于网络侵权发生在虚拟空间，比如论坛、微博、微信朋友圈、QQ个人空间等，产生的主要是网络证据，具有易被删除、易被修改和能够被无限复制的特点。鉴于此，当事人应当在起诉前向法院申请证据保全，另外也可采取公证的方式保全证据。

发生侵权时，网络服务公司作为信息平台的服务提供者，也不可能“事不关己”不用承担任何责任。受害人在起诉时，既可以起诉骂人者，也可以将网络服务公司作为被告。如果不知道骂人者信息，可以向法院申请要求网络服务公司提供能够确定涉嫌侵权的网络用户的姓名、联系方式、网络地址等信息。

在侵权赔偿数额方面，法院会根据侵权人的诽谤行为对受害人的伤害程度来认定，其中经济损失一般根据受害人的受损金额、侵权人的获利金额来认定，精神方面的损失则不易判定，需要法官酌情判决。根据规定，如果受害人的损失情况无法确定的，法官有权在50万元以下的范围内确定赔偿数额。此外，受害人为制止他人诽谤辱骂行为所支付的合理开支，比如律师费、公证费等，都可以要求取得赔偿。

法律依据

《中华人民共和国治安管理处罚法》

第四十二条　有下列行为之一的，处五日以下拘留或者五百元以下罚款；情节较重的，处五日以上十日以下拘留，可以并处五百元以下罚款：

（二）公然侮辱他人或者捏造事实诽谤他人的；

《中华人民共和国侵权责任法》

第三十六条　网络用户、网络服务提供者利用网络侵害他人民事权益的，应当承担侵权责任。

网络用户利用网络服务实施侵权行为的，被侵权人有权通知网络服务提供者采取删除、屏蔽、断开链接等必要措施。网络服务提供者接到通知后未及时采取必要措施的，对损害的扩大部分与该网络用户承担连带责任。

网络服务提供者知道网络用户利用其网络服务侵害他人民事权益，未采取必要措施的，与该网络用户承担连带责任。

《最高人民法院关于审理利用信息网络侵害人身权益民事纠纷案件适用法律若干问题的规定》

第一条　本规定所称的利用信息网络侵害人身权益民事纠纷案件，是指利用信息网络侵害他人姓名权、名称权、名誉权、荣誉权、肖像权、隐私权等人身权益引起的纠纷案件。

4. 样品误当新品卖，是否构成消费欺诈?

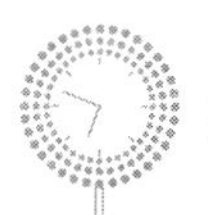

案例

胡先生来到一家家具店，看中了一张大床，经过一番讨价还价，最后以6000元价格成交，并协商好先付5000元，安装完成后再付1000元。当床送到家后，胡先生发现家具店送过来的是之前看过的样品床，不是新床。此后几经交涉，家具店的人才终于承认送的不是新家具而是样品。随后胡先生提出退货或者换货，但都被商家以各种理由拒绝，商家认为样品也属于正品，不是假货。

样品不是新品，肯定有一定程度的贬值，商家在销售样品时必须予以明确告知，确保消费者的知情权，或是以折扣价格销售给顾客，反映样品的真实价值。商家在没有事先告知的情况下，将样品作为新品销售，实质上是一种欺骗消费者的行为。在案例中，家具店作为产品的出售方，应当对产品属于样品还是新品有明确的了解，在此情况下，仍然将样品按照新品予以出售，且没有告知胡先生，该行为已构成欺诈。

商家将使用过的样品当作新品卖予消费者，应当承担相应的赔偿欺诈责任。根据《中华人民共和国消费者权益保护法》的规定，如发生欺诈行为，经营者需“退一赔三”，即退还消费者已经支付的金额，同时按照消费者购买商品的价款或者接受服务的费用的3倍标准支付赔偿。胡先生可以据此到工商部门投诉处理，要求商家返还已经支付的5000元外，还可以要求取得1.8万元的赔偿。

《中华人民共和国消费者权益保护法》

第四条　经营者与消费者进行交易，应当遵循自愿、平等、公平、诚实信用的原则。

第五十五条　经营者提供商品或者服务有欺诈行为的，应当按照消费者的要求增加赔偿其受到的损失，增加赔偿的金额为消费者购买商品的价款或者接受服务的费用的三倍；增加赔偿的金额不足五百元的，为五百元。法律另有规定的，依照其规定。

5. 遇到警察查证件，没带身份证怎么办？

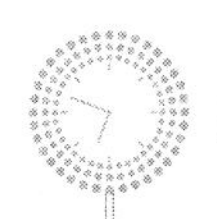

案例

2015年5月22日晚，派出所民警来到一住宅小区进行群租房整治工作，当民警来到某单元楼的九层一家住户时，发现屋内仍然设立上下铺，于是民警开始登记屋内租客的身份证。当查到于某时，他拒不出示身份证，民警多次劝说无效。突然，于某挥拳打向民警面部，于某的朋友高某也上前帮助他按住民警。见此情况，支援民警将二人迅速制服，并带回派出所。经鉴定，受伤民警为轻微伤，最终于某因涉嫌妨碍公务被警方刑事拘留，高某被治安拘留。

律师解答

身份证是证明公民合法身份的最直接有效的证件，配合警察依法查验居民身份证是公民的法定义务。虽然我国法律没有规定公民一定要随身携带身份证，但如果不随身携带，会对自己造成诸多不便。如果在地铁和火车站等公共场所遇到警察盘查，当你没有带身份证的时候，你可以采取其他措施证明自己的身份，比如提供工作证、居住证、机动车驾驶证、护照等有效证件证明身份，如果警察携带有查询设备，也可以报出自己的公民身份号码、姓名等信息，只要查明人证合一即可。

警察盘查是在依法行使职权，及时发现有犯罪嫌疑的人，保障公共场所的秩序，维护人民群众的安全。警察在盘查时不是随意行事，必须遵照《公安机关人民警察盘查规范》的相关要求，应当做到理性、平和、文明和规范。按照要求，盘查一般由两名以上民警进行；应当身着警服，未穿警服的，应当出示警察证；应当向被盘查人敬礼并告知："我是xxx（单位）民警，现依法对你进行检查，请你配合。"盘查排除违法犯罪嫌疑后，民警应当向被盘查人敬礼，并说"谢谢你的合作"，礼貌让其离去。如果认为民警执法不规范，群众可向公安机关警务督察部门举报，也可拨打110投诉，还可以通过法律途径维护自身的权益。

如果没有正当理由，拒绝警察查验身份的，警察可能会将当事人带到派出所继续盘查，留置时间一般不超过24小时。对于违反治安管理处罚法的，可以依法给予治安处罚；对于暴力抗拒警察依法执行职务的，可以按照妨害公务罪依法追究刑事责任。所以，在遇到警察盘查时，应当积极予以配合，不能认为警察是在"没事找事"，切莫像案例中的于某一样，妨碍警察执行公务。

《中华人民共和国居民身份证法》

第十五条　人民警察依法执行职务，遇有下列情形之一的，经出示执法证件，可以查验居民身份证：

（一）对有违法犯罪嫌疑的人员，需要查明身份的；

（二）依法实施现场管制时，需要查明有关人员身份的；

（三）发生严重危害社会治安突发事件时，需要查明现场有关人员身份的；

（四）在火车站、长途汽车站、港口、码头、机场或者在重大活动期间设区的市级人民政府规定的场所，需要查明有关人员身份的；

（五）法律规定需要查明身份的其他情形。

有前款所列情形之一，拒绝人民警察查验居民身份证的，依照有关法律规定，分别按不同情形，采取措施予以处理。

任何组织或者个人不得扣押居民身份证。但是，公安机关依照《中华人民共和国刑事诉讼法》执行监视居住强制措施的情形除外。

《中华人民共和国人民警察法》

第九条 为维护社会治安秩序，公安机关的人民警察对有违法犯罪嫌疑的人员，经出示相应证件，可以当场盘问、检查；经盘问、检查，有下列情形之一的，可以将其带至公安机关，经该公安机关批准，对其继续盘问：

（一）被指控有犯罪行为的；

（二）有现场作案嫌疑的；

（三）有作案嫌疑身份不明的；

（四）携带的物品有可能是赃物的。

对被盘问人的留置时间自带至公安机关之时起不超过二十四小时，在特殊情况下，经县级以上公安机关批准，可以延长至四十八小时，并应当留有盘问记录。对于批准继续盘问的，应当立即通知其家属或者其所在单位。对于不批准继续盘问的，应当立即释放被盘问人。

经继续盘问，公安机关认为对被盘问人需要依法采取拘留或者其他强制措施的，应当在前款规定的期间做出决定；在前款规定的期间不能做出上述决定的，应当立即释放被盘问人。

6. 未婚同居违法吗?

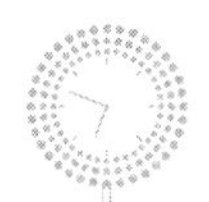

案例

2014年底，齐某结识了女友余某，两人感情迅速升温，很快在没有办理结婚登记的情形下便开始了同居生活。在同居期间，双方共同出资100万元购买了一套房屋，其中男方出资60万，女方出资40万，房子登记在余某名下。双方在购房后签订协议约定：双方生活在一起要互相信任、相互关照，如一方死亡或者分手，该套房屋即归对方所有。2015年10月，齐某以双方感情不和为由，起诉至法院要求解除同居关系，同时提出所购房屋应为双方按份共有，并要求余某返还其出资款60万元。法院对于齐某要求解除同居关系的诉讼请求不予受理，但对其要求分割房屋的诉讼请求进行了审理，认定两人之间签订的协议没有违反社会公序良俗，属于合法有效。既然男方提出分手，依协议约定，该房屋理应全部归女方所有，所以法院驳回了齐某分割财产的诉讼请求。

律师解答

未办理结婚登记而同居生活的男女关系可分为两种：一是事实婚姻，二是同居关系。事实婚姻是指没有配偶的男女，未办理结婚登记，即以夫妻名义同居生活，周围的人也认为是夫妻关系。法院在受理未履行登记结婚的离婚案件时，符合事实婚姻构成要件的，会认定其具有事实婚姻的效力，当事人不必再补办结婚登记手续，按离婚案件处理。对不构成事实婚姻的，就属于同居关系，这种行为虽然不为我国法律所提倡，但亦不为我国法律所禁止，属于个人自由。

从《中华人民共和国婚姻法》的角度讲，1994年2月1日以前，同居生活的男女双方符合结合的实质条件，比如达到结婚年龄、未患不宜结婚的疾病等，属于事实婚姻，国家承认当事人之间的婚姻关系；1994年2月1日以后（即民政部《婚姻登记管理条例》公布实施以后），我们国家不再承认事实婚姻，只按照“同居关系”处理。

人们常说的“非法同居”并不是一个法律概念，法律没有禁止未婚同居，当然也就无所谓“非法”之说。当然，如果不是未婚同居，而是一方或双方已经有了配偶，双方同居显然是违法行为，情节严重的，还会构成重婚罪，受到刑事制裁。

由于同居关系不属于法律保护的范畴，所以双方不形成法律所保护的夫妻人身关系。因此，如果同居期间双方各自继承或受赠取得的财产，按个人财产对待。如果一方去世，另一方也无权以继承人身份参加继承。如果同居期间形成财产共有关系，比如共同购买的房屋、贵重物品等，在解除同居关系时，对该共有财产，首先由当事人根据自愿的原则协商处理。协商不成的，法院会根据照顾子女和女方的原则，考虑财产的实际情况和双方的过错程度进行分割。如果属于婚外同居，在财产处理时不得侵害合法婚姻当事人的财产权益。

法律依据

《最高人民法院关于适用〈中华人民共和国婚姻法〉若干问题的解释（一）》

第五条　未按婚姻法第八条规定办理结婚登记而以夫妻名义共同生活的男女，起诉到人民法院要求离婚的，应当区别对待：

一、1994年2月1日民政部《婚姻登记管理条例》公布实施以前，男女双方已经符合结婚实质要件的，按事实婚姻处理；

二、1994年2月1日民政部《婚姻登记管理条例》公布实施以后，男女双方符合结婚实质要件的，人民法院应当告知其在案件受理前补办结婚登记；未补办结婚登记的，按解除同居关系处理。

《最高人民法院关于适用〈中华人民共和国婚姻法〉若干问题的解释（二）》

第一条　当事人起诉请求解除同居关系的，人民法院不予受理。但当事人请求解除的同居关系，属于婚姻法第三条、第三十二条、第四十六条规定的“有配偶者与他人同居”的，人民法院应当受理并依法予以解除。

当事人因同居期间财产分割或者子女抚养纠纷提起诉讼的，人民法院应当受理。

7. 车借给朋友出了事故，责任由谁承担?

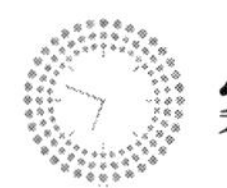

案例

2015年4月1日，崔某去机场接朋友，由于其车辆正在维修，于是向邻居蒋某借用其轿车。崔某接到朋友在返回途中，因速度较快，在避让对向行驶的车辆时，不慎撞到同向骑摩托车行驶的李某，造成李某受重伤住院治疗，支出医疗费10万余元，交警认定崔某负此次事故全部责任。后因赔偿费用问题协商未果，李某将崔某、蒋某及肇事车辆投保的保险公司诉至法院，要求三被告共同赔偿其医疗费、伤残赔偿金等各项经济损失18万余元。法院认为崔某具有合法驾驶资格，借用车辆时并未醉酒，且所借车辆也未存在故障或者明显的安全隐患，被告蒋某作为车辆出借人对此次事故的发生并无过错，因此其不承担赔偿责任。最终，法院判决原告李某的损失由保险公司在三者险责任限额内承担赔偿责任后，不足部分由被告崔某负担。

律师解答

对于有车一族来说，最烦恼的事情不是修车，也不是保养，而是借车。一般会找你借车的大都是比较相熟的朋友，借还是不借是一个大问题。借吧，怕剐蹭；不借吧，又觉得面子上过不去。实际上，随意借车给他人，要承担很多法律风险，一旦发生事故还可能要承担赔偿责任。

根据我国《中华人民共和国侵权责任法》的规定，借车发生交通事故，首先由投保的保险公司予以赔偿；其次，不足部分由车辆使用人承担责任；最后，如果车主有过错，要基于过错承担责任。根据《最高人民法院关于审理道路交通事故损害赔偿案件适用法律若干问题的解释》的规定，车主有过错主要是指其明知车辆有缺陷，并且此缺陷易导致交通事故发生；知道借车人没有驾驶资格，仍然出借车辆；知道借车人缺少驾驶能力，比如饮酒、吸毒、生病等无法安全驾驶车辆等情况。

之所以要车主承担过错责任，是因为车主虽然不是车辆使用人，但车仍然是属于自己的财产，仍应承担一些必要的注意义务，比如借用人是否具有必要的驾驶能力，他人驾驶自己的车辆是否会存在危险等。如果没有尽到这些注意义务，当然应当承担一定的责任。案例中，法院之所以判决蒋某不承担责任，一是因为借车的崔某具备驾驶能力，二是车辆本身不存在隐患，比如保险齐全、车辆没有故障等。

因此，借车之前一定要“三思而后行”，看看自己是否会因此承担不必要的法律风险，不是什么车都可以借出去，也不是什么人的车都能去借。一般情况下，车辆存在隐患时、借车人没驾照或者是未成年人时，以及借车人不能安全驾驶，比如喝酒、吸毒之后等，车主都不能借车，否则一旦发生事故，就有可能摊上官司，成为被告。

《中华人民共和国侵权责任法》

第四十九条　因租赁、借用等情形机动车所有人与使用人不是同一人时，发生交通事故后属于该机动车一方责任的，由保险公司在机动车强制保险责任限额范围内予以赔偿。不足部分，由机动车使用人承担赔偿责任；机动车所有人对损害的发生有过错的，承担相应的赔偿责任。

《最高人民法院关于审理道路交通事故损害赔偿案件适用法律若干问题的解释》

第一条　机动车发生交通事故造成损害，机动车所有人或者管理人有下列情形之一，人民法院应当认定其对损害的发生有过错，并适用侵权责任法第四十九条的规定确定其相应的赔偿责任：

（一）知道或者应当知道机动车存在缺陷，且该缺陷是交通事故发生原因之一的；

（二）知道或者应当知道驾驶人无驾驶资格或者未取得相应驾驶资格的；

（三）知道或者应当知道驾驶人因饮酒、服用国家管制的精神药品或者麻醉药品，或者患有妨碍安全驾驶机动车的疾病等依法不能驾驶机动车的；

（四）其他应当认定机动车所有人或者管理人有过错的。

8. 行人闯红灯被撞，机动车驾驶员如何承担责任?

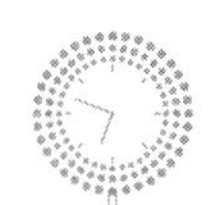

案例

2013年7月的某天上午，吴大爷在一个十字路口的人行道上过马路。因远远看到是绿灯，吴大爷便加快了脚步，但就在吴大爷走到马路中央时绿灯变成了红灯，这时吴大爷更是抓紧时间急跑起来，结果被从右侧行驶的汽车撞伤，导致颅骨受伤，致使身体偏瘫，治疗费高达20多万。随后吴大爷将驾驶司机赵某和保险公司告上法院，要求对方承担全部责任，赔偿其损失。法院经审理查明，吴大爷在绿灯还差两秒结束时，走到了道路中间的隔离带，当他前方出现红灯时，他没有停留在隔离带，而是加速猛跑过去，结果导致被撞，而且当时司机赵某并没有超速及其他违法驾驶行为。最终，法院判决司机赵某承担70%的赔偿责任，和保险公司各赔偿原告吴大爷7万余元。

律师解答

现在，社会上闯红灯的现象越来越严重，被誉为“中国式过马路”。很多行人在过马路的时候都没有看信号灯的习惯，经常是看到没车就认为可以过马路了，殊不知危险经常就发生在不经意间。尤其是最后几秒闯红灯最危险，行人觉得闯红灯能过去，而机动车驾驶员觉得加速就能过去，这样最容易导致事故发生。也有一些人认为反正车撞到自己会赔钱，开车的人不敢撞行人，所以在红灯时也大摇大摆地过马路。

目前，对于行人闯红灯在人行道斑马线上发生交通事故，如果机动车不存在超速、没有避让行人等情况，一般是行人负主要责任，驾驶员负次要责任，驾驶员不承担任何责任的情况非常小，甚至按照《中华人民共和国道路交通安全法》第76条的规定承担不超过10%的责任的情况也不多见。这是因为《中华人民共和国道路交通安全法》的立法主旨偏向保护弱者，也就是非机动车驾驶员、行人，因此交警经常会找出一些理由，比如没有恰当处置事故、没有尽到安全驾驶义务等，提高机动车方承担的责任比例。当然，如果机动车存在违法驾驶行为，没有避让行人，驾驶员要承担主要责任，一般在70%～80%之间，如有酒驾、毒驾情况的，当然由驾驶员负全责。

在赔偿的时候，根据机动车的投保情况，有以下几种处理方式：（1）没有投保交强险的，驾驶员需要承担全部赔偿责任；（2）投保了交强险，先由保险公司赔偿，不足部分再由驾驶员自己赔偿；（3）投保了交强险和商业险，保险公司会在交强险和商业险范围内赔付，如果驾驶员是次要责任，一般驾驶员不用再自掏腰包。

需要提醒的是，如果行人因自己闯红灯而发生交通事故，导致他人伤亡或者财产损失，可能会构成交通事故罪，要承担刑事责任。媒体曾报道过这样一个案例，有人就近闯红灯，从非行人通道横过到马路对面。恰逢摩托车驾驶员经过，结果躲闪不及，撞上旁边房屋，不仅导致摩托车受损，且驾驶员也因受伤抢救无效而死亡。经交警部门认定，行人负事故的主要责任。最终，法院以交通肇事罪判处该行人有期徒刑，并附带民事赔偿。因为根据《最高人民法院关于审理交通肇事刑事案件具体应用法律若干问题的解释》的规定，无论是从事交通运输人员还是非交通运输人员，即便是行人，只要违反交通管理法规、造成重大损失的，都可以构成交通肇事罪。因此，对于行人来说，一定要遵守交通规则，不能抱有任何侥幸心理，生命可贵、健康重要，切勿以血肉之身躯对抗汽车的钢铁之躯。

《中华人民共和国道路交通安全法》

第四十七条　机动车行经人行横道时，应当减速行驶；遇行人正在通过人行横道，应当停车让行。

机动车行经没有交通信号的道路时，遇行人横过道路，应当避让。

第七十六条　机动车发生交通事故造成人身伤亡、财产损失的，由保险公司在机动车第三者责任强制保险责任限额范围内予以赔偿；不足的部分，按照下列规定承担赔偿责任：

（二）机动车与非机动车驾驶人、行人之间发生交通事故，非机动车驾驶人、行人没有过错的，由机动车一方承担赔偿责任；有证据证明非机动车驾驶人、行人有过错的，根据过错程度适当减轻机动车一方的赔偿责任；机动车一方没有过错的，承担不超过百分之十的赔偿责任。

9. 买卖二手车未过户，发生交通事故谁承担责任？

案例

张某于2014年12月从李某处购得一辆二手轿车，双方签订了购车协议，张某已支付车款，但由于种种原因车辆尚未过户。2015年2月份，张某酒后驾驶该车，途中与行人徐某碰撞，致徐某受重伤，经当地交警部门认定，张某负此事故的全部责任。事后，徐某将张某、李某告上法庭，要求赔偿医疗费、误工费、护理费等各项费用7.8万元。最终，法院判决：被告之一、原车主李某不承担赔偿责任，另一被告、第二车主张某应承担原告人身损害等经济损失6.6万元，同时承担案件受理费。

律师解答

生活中，在当事人之间已经通过买卖、赠与等方式转让机动车的所有权，并且已交付对方使用，但因节省费用、以物抵债等多种原因，经常发生买受人或受赠人未到车管所办理机动车所有权转移登记手续的情况。结果导致实践中，机动车名义所有人与实际所有人不一致的情况大量存在。此时，一旦机动车发生交通事故造成他人损害，原车主和车辆实际使用人之间经常扯皮，分不清责任。

《中华人民共和国侵权责任法》第50条对此情况予以了明确规定，该条规定当事人之间转让并交付机动车，但未办理所有权转移登记，发生交通事故后属于该机动车一方责任的，由受让人承担赔偿责任。这是因为从法理上讲，因车辆已交付，原车主仅仅是名义上的所有人，既不能实际支配该车，也不能从该车的营运中获得利益，所以原车主不应对机动车发生交通事故致人损害承担责任。而且，目前我国的法律、法规并未明确以过户登记作为机动车所有权的转移的生效要件，一般理解为，公安机关办理的机动车登记是准予或者不准予上道路行驶的登记，而不是机动车所有权登记。

在此案张某和李某的机动车买卖法律关系中，虽然车辆未经登记，但车的所有权已经发生了转移，所有权人为张某。因此，法院判决应由张某承担赔偿责任。

不过，在未及时过户的情况下，原车主仍然可能会承担一些法律风险。根据交通法律法规，已经出售的二手车未办理过户手续，造成的违章记录责任应由原车主承担。而且，由于车辆的归属权不是新车主，所以上不了保险。如果保险到期后发生交通事故，新车主没有赔偿能力，原车主可能也要承担赔偿责任。因此，车辆转让时，最好及时办理过户手续，以免造成不必要的麻烦。

法律依据

《中华人民共和国侵权责任法》

第五十条　当事人之间已经以买卖等方式转让并交付机动车但未办理所有权转移登记，发生交通事故后属于该机动车一方责任的，由保险公司在机动车强制保险责任限额范围内予以赔偿。不足部分，由受让人承担赔偿责任。

10. 知假买假受法律保护吗?

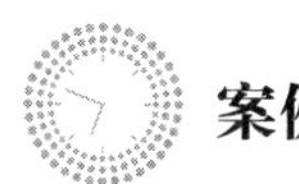

案例

2016年7月，张某在某烟酒商店购买了两瓶黄金酒，价值316元，而后张某发现两瓶酒已经超过保质期，因此要求商家退还购物款316元，并按法律规定10倍赔偿其损失，共计3476元，此外还要求支付其精神损害抚慰金、误工费等2500元，但商店认为张某是知假买假，断然拒绝了他的“无理要求”。后经当地工商所进行了调解，但因张某要求过高而未能协商成功。于是，张某向法院提起诉讼，要求商家赔偿，但被告指出原告并非当地人，其购买两瓶黄金酒也并非为了消费，其很可能是专门从事“打假”的职业人。最终在法庭主持下，原被告双方达成调解协议，被告一次性支付原告赔偿金2800元。

律师解答

最近几年，“职业打假”“知假买假”的现象较为普遍，很多人质疑职业打假人算不算消费者？知假买假与漫天要价甚至敲诈勒索有什么区别？

从《中华人民共和国消费者权益保护法》1994年1月1日开始施行起，职业打假在全国“遍地开花”，各地纷纷冒出无数个“王海”。职业打假对于打击无良商家，维护消费者权益具有积极意义，2014年3月15日起施行《最高人民法院关于审理食品药品纠纷案件适用法律若干问题的规定》，也明确规定“知假买假”可受法律保护。需要注意的是，《中华人民共和国消费者权益保护法》保护的是公民个人“知假买假”，如果是一个单位（比如公司）“知假买假”，则受“合同法”等法律保护，无法要求获得消法中的惩罚性赔偿。

一般的“知假买假”案件，主要分为两种情况，一种是属于普通的消费欺诈，经营者需要“退一赔三”，即除返还消费者已经支付的金额外，还要额外支付相当于商品或服务费用3倍的赔偿，不足500元的，需要赔偿500元。另一种是食品安全领域方面的，生产或者销售不符合食品安全标准的产品，消费者除要求赔偿损失外，还可以向生产者或者销售者要求支付价款10倍的赔偿金，即“假一赔十”。所以，职业打假人的收益丰厚，即便是单价不高的食品，如果购买数量较多的话，赔偿数额也不是一笔小数目。

职业打假人在购物的过程中，都会以购物小票以及实物为证，所以事实非常明确，绝大多数知假买假案件都获得了法院的支持。不过目前社会上出现了知假买假现象急剧增多的情况，打假人向职业化、专业化、流程化发展，他们通常通过工商部门调解、法院诉讼判决等方式寻求赔偿，借助国家力量实现个人目的，造成很大的行政、司法资源浪费，常常让正常维权陷入被动。比如，有一些职业打假人在大型超市购买商品，然后起诉，其目的并非为了打赢官司，而是通过法院与被告调解或和解。因为商家与大超市都有合作协议，一旦所售商品涉诉，超市便会暂停向供应商支付款项。迫于压力，一些商家会主动联系原告，支付一部分费用息事宁人，最终案件会以调解或撤诉的方式结案。

所以，知假买假开始引起一部分人的反对，尤其是合法经营的商家，媒体上也经常出现商家与职业打假人发生冲突的报道。根据相关报道，工商总局正在牵头研究制定《消费者权益保护法实施条例》，在该条例征求意见稿第2条中规定，“金融消费者以外的自然人、法人和其他组织以营利为目的而购买、使用商品或者接受服务的行为不适用本条例。”如果征求意见稿获得通过的话，就意味着“职业打假人”将不再受《中华人民共和国消费者权益保护法》

的保护。但目前社会各界对此争议很多，比如如何认定上述条文中的“以营利为目的”等。

法律依据

《最高人民法院关于审理食品药品纠纷案件适用法律若干问题的规定》

第三条　因食品、药品质量问题发生纠纷，购买者向生产者、销售者主张权利，生产者、销售者以购买者明知食品、药品存在质量问题而仍然购买为由进行抗辩的，人民法院不予支持。

11. 遭遇“过度医疗”怎么办?

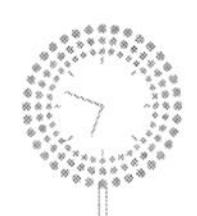

案例

46岁的徐某因车祸导致左腿粉碎性骨折，住院治疗了151天，医疗、护理、误工、续治费等共计花费10.5万余元。按照交警部门的认定，肇事车辆对事故负完全责任。在交警部门调解过程中，车主及保险公司认为徐某夸大病情，存在“过度医疗”的行为，不同意为其支付高额医疗费用。调解未果后，徐某以交通事故人身损害赔偿为由向法院提起诉讼，在诉讼过程中被告申请了司法鉴定，对徐某的病情程度进行鉴定。经鉴定，徐某的确存在“过度医疗”，鉴定意见认为可以剔除5.2万多元的医疗费用。最终，法院依据司法鉴定结论支持了被告的请求。

律师解答

过度医疗是医生违背医学规范和伦理准则，脱离病情实际需求，实施不恰当、不规范、不道德的医疗行为，比如过度检查、过度治疗、过度用药等。近几年来，过度医疗引发的纠纷不断，严重损害了医患关系。其实疾病是一个发生发展的过程，同一种疾病在不同阶段表现会不同，同一种体征和症状可能是由不同疾病引发的。医务人员也往往处于两难境地：全方位检查会增加患者的费用；若不考虑这些问题，又担心漏诊、误诊。

一般情况下，都是患者本人因过度医疗问题起诉医院，要求退还多支付的费用。不过，在交通事故赔偿案件中的保险公司、在工伤医疗纠纷中的用工单位，也会提出过度医疗问题，认为受害人存在故意的过度治疗行为。

判断医生是否存在过度医疗，从法律角度看，应以是否违反诊疗常规、是否存在主观上以营利性的目的而进行检查或治疗为标准。法院在审理案件时主要根据两类证据进行认定：一是权威鉴定机构出具的鉴定材料，可以对病人病情及对应的医疗费用做出科学合理的评估；二是相应的病例资料，看治疗过程是否符合医疗规范。法院会按照卫生管理法律法规对医务人员执业的要求，充分考虑患者伤残程度，同时参考相应的诊疗常规及诊疗指南，再结合患者受伤情况进行综合认定。

对于是否存在过度医疗的举证责任划分，法院一般遵照“谁主张谁举证”的原则。法院会审核患者方提供的伤病情报告、就医结算票据等。对涉及医疗专业等问题，法院可能会邀请、走访医疗专家进行咨询，必要时也会到患者就医的医院进行查证。

法律依据

《中华人民共和国侵权责任法》

第五十五条　医务人员在诊疗活动中应当向患者说明病情和医疗措施。需要实施手术、特殊检查、特殊治疗的，医务人员应当及时向患者说明医疗风险、替代医疗方案等情况，并取得其书面同意；不宜向患者说明的，应当向患者的近亲属说明，并取得其书面同意。

医务人员未尽到前款义务，造成患者损害的，医疗机构应当承担赔偿责任。

第五十八条　患者有损害，因下列情形之一的，推定医疗机构有过错：

（一）违反法律、行政法规、规章以及其他有关诊疗规范的规定；

（二）隐匿或者拒绝提供与纠纷有关的病历资料；

（三）伪造、篡改或者销毁病历资料。

第六十三条　医疗机构及其医务人员不得违反诊疗规范实施不必要的检查。

12. 是不是所有的合同都可以采用电子签名?

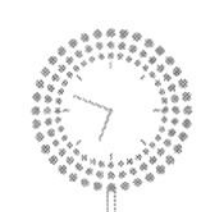

案例

2009年6月，刘先生和张女士夫妻二人通过某中介公司购买了一套住房，并向中介交付了2万元定金。由于卖房人黄先生是新加坡籍，签约时人不在国内，刘先生和张女士在中介公司的安排下以电子邮件方式与卖房人黄先生签订了《房屋转让合约》，该合约中黄先生的签名为电子签名。双方约定共同到当地房地产交易中心签订《存量房买卖合同》，否则视为违约，但随后卖房人拒绝前往办理手续。于是，刘、张二人诉至法院要求卖房人承担违约责任。纠纷发生后，中介公司将尚未交付给卖方的定金2万元退还给刘、张二人。被告黄先生向法院辩称自己没有签订过房屋转让合同，也没有收取过两原告的定金。法院经审理，认为双方签订的《房屋转让合约》因当事人未有效签名而尚未成立，因此判决驳回了原告的诉讼请求。

律师解答

很多人对电子签名非常陌生，不人清楚什么是电了签名、电子签名包括什么、电子签名的作用是什么。其实，电子签名就是通过密码技术对电子文档的电子形式的签名，并非是书面签名的数字图像化，它类似于手写签名或印章，制作电子签名的方法也非常简单。2004年8月28日全国人大常委会通过了《中华人民共和国电子签名法》，并于2005年4月1日起实施。电子签名的作用主要有：一是证明文件的来源，即识别签名人；二是表明签名人对文件内容的确认；三是构成签名人对文件内容正确性和完整性负责的根据。可靠的电子签名和数据电文与手写签名和书面文件具有同样的法律效力。

目前来说，在我国电子签名技术并未普及，多用在金融和电子政务等领域。此外，商业领域中的电子合同经常会用到电子签名。相比纸质合同，电子合同除了更为省时、省力，并且便于保存和管理，还能更好地与诸如线上交易、线上人力资源管理、线上培训等网络场景无缝衔接，在解决线上纠纷时能够兼顾方便与法律有效性。

虽然《中华人民共和国电子签名法》没有强制要求电子签名需要第三方机构认证，但判断电子签名是否符合技术性要求需要很强的技术性和专业性，所以很多大公司都会依据《中华人民共和国电子签名法》第16条的规定，将电子签名交由依法设立的电子认证服务提供者进行认证。

但并不是所有的文书都可以采用数据电文的方式，根据《中华人民共和国电子签名法》第3条的规定，有几类文书不得使用数据电文的形式，即不能采用电子签名，包括：（1）涉及婚姻、收养、继承等人身关系的；（2）涉及土地、房屋等不动产权益转让的；（3）涉及停止供水、供热、供气、供电等公用事业服务的；（4）法律、行政法规规定的不适用电子文书的其他情形。因为这几类事项与当事人利益最密切相关，采用手写签名更能体现当事人的真实意思。

《中华人民共和国电子签名法》

第三条　民事活动中的合同或者其他文件、单证等文书，当事人可以约定使用或者不使用电子签名、数据电文。

当事人约定使用电子签名、数据电文的文书，不得仅因为其采用电子签名、数据电文的形式而否定其法律效力。

前款规定不适用下列文书：

（一）涉及婚姻、收养、继承等人身关系的；

（二）涉及土地、房屋等不动产权益转让的；

（三）涉及停止供水、供热、供气、供电等公用事业服务的；

（四）法律、行政法规规定的不适用电子文书的其他情形。

13. 什么是“买卖不破租赁”？

案例

2009年12月1日，潘某与房主张某签订了房屋租赁合同，租用张某位于市区中心位置的门面房122平方米开设小吃店，约定租赁期限为6年。2010年9月17日，张某将该房出售给了吴某。随后，潘某又重新与吴某签订《房屋租赁合同》，约定租期从2010年12月1日至2011年11月30日。潘某按照合同约定支付了房屋租金，继续使用该房屋从事经营，但2011年10月，吴某提前通知潘某“合同到期后其房屋不再续租”。租期到期后，吴某多次找到潘某要求其交出房屋，但潘某拒绝。无奈之下，吴某将潘某告上法庭，要求其无条件腾退，并赔偿自己的损失。在案件审理中，被告提出，根据“买卖不破租赁”的规定，其与原房主张某签订的合同租期6年未到期。但法院认定，因原房主张某将该房产转让给原告吴某，而且原告与被告重新签订了合同，所以被告与原房主张某签订的租赁合同终止。最终，法院判决被告潘某将房屋交付原告，并赔偿原告在合同到期后占用房屋期间的损失款1.5万元。

律师解答

“买卖不破租赁”是民法上的一项重要制度，它是指在租赁合同有效期间，租赁物因买卖、继承等使租赁物的所有权发生变更的，租赁合同对新的所有权人仍然有效。比如，房主将房屋出租给他人，但在租赁期间又将房屋出售，那么原有的租赁合同继续有效，不因房屋的售出而发生终止，租户可以要求继续承租，新房主无权单方面终止租赁。这个原则并不是说房东不能卖房子，而是说房东卖掉房子以后，不能破坏原有的租赁关系。也就是说，即使把房子卖了，房东仍然不能把租房者赶走。法律之所以这么规定，是担心如果房屋频繁转手出售，会大大增加承租人的承租风险，造成经济秩序的混乱。

基于这一制度，房屋出租人即房主在将其所有的房屋出卖前，应当承担相应的义务，一是提前通知承租人，根据《中华人民共和国合同法》的规定，承租人享有在同等条件下优先购买的权利；二是本着诚实信用的原则，对购买人进行告知，即把要出卖的房屋上负担的承租义务如实告知买受人。

这也给我们提了一个醒，那就是二手房买受人在购房前最好充分了解要购买的房屋是否已经出租，如果出租，租赁期限是否快到期，避免因租赁未到期而影响自己的购房计划，不要出现交钱买了二手房，自己却住不进去的尴尬局面。对于承租人而言，遇到这类问题，如果手上有双方签订的租赁合同，就可以拒绝搬出，居住到合同期满，当然也可以选择搬出，而要求对方支付相应的补偿。

但“买卖不破租赁”也有例外。根据《最高人民法院关于审理城镇房屋租赁合同纠纷案件具体应用法律若干问题的解释》第20条的规定，房屋在出租前已设立抵押权，因抵押权人实现抵押权发生所有权变动的，以及房屋在出租前已被法院依法查封的，不受该原则的限制。换句话说，法律允许抵押人将房屋抵押后再出租，然而抵押权优先于承租权。如果抵押权人在债权无法实现时，将抵押物变卖，购得该抵押物的买受人就可以不受原租赁合同的约束，即只要买受人不愿履行原租赁合同的，承租人就不得以租赁未到期来对抗买受人。

此外，根据《中华人民共和国担保法》的相关规定，如果抵押人（即房主）未书面告知承租人该财产已抵押的，抵押人对出租抵押物造成承租人的损失要承担赔偿责任，比如租金的损失、已经支出的装修费用；如果抵押人已书面告知承租人该财产已抵押的，抵押权实现时造成承租人的损失，由承租人自己承担。现实情况是，很多房主在抵押房屋时根本不会告诉承租人，而绝大多数承租人也没有意识到这个问题，不会在租房前核实房屋的抵押情况，日后一旦因抵押的房屋被拍卖，就会被人赶出家门。尤其是在大城市，房屋租赁非常普遍，其中的风险还是应当引起租房人的注意。

法律依据

《中华人民共和国合同法》

第二百二十九条　租赁物在租赁期间发生所有权变动的，不影响租赁合同的效力。

《中华人民共和国物权法》

第一百九十条　订立抵押合同前抵押财产已出租的，原租赁关系不受该抵押权的影响。抵押权设立后抵押财产出租的，该租赁关系不得对抗已登记的抵押权。

《最高人民法院关于贯彻执行〈中华人民共和国民法通则〉若干问题的意见（试行）》

119. 私有房屋在租赁期内，因买卖、赠与或者继承发生房屋产权转移的，原租赁合同对承租人和新房主继续有效。

14. 工作期间碰到“性骚扰”怎么办?

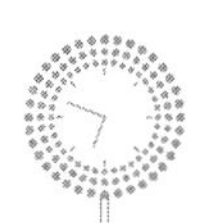

案例

2008年6月，成都一家企业的人事部经理刘某下班后来到新入职的女员工陈某办公室，向其“袒露心声”，声称希望和她交往，但遭到了陈某的拒绝。于是刘某对陈某强行拥抱并亲吻，用手掌卡住陈某的颈部阻止其反抗，造成其软组织受伤。陈某大声呼救，并奋力反抗。此时，隔壁办公室的同事向公安机关报案，刘某很快被抓获。法院审理后认为，刘某采用强制的手段已经超出了性骚扰的范畴，而是利用自己主管人事的权力侮辱妇女，故以强制猥亵妇女罪判处刘某拘役5个月。

律师解答

“性骚扰”是一个很敏感的话题，可以发生在各种场合，比如在上下班坐公共汽车时本来已经被挤得都快成“烙饼”了，偏偏就有一些不怀好意的人在你身边蹭来蹭去，或碰一下你的胸部，或抓一下臀部等。由于职场工作场所的相对封闭性、明确的上下级关系等因素，职场发生性骚扰的概率更高，尤其以女性受到性骚扰的情况居多。

2005年12月1日起施行的新《中华人民共和国妇女权益保障法》明确规定

“禁止对妇女实施性骚扰”，这是我国法律首次明确对性骚扰说“不”，随后全国各地都相继出台了具体的实施办法，对禁止性骚扰做出了更加细化的规定。比如《北京市实施〈中华人民共和国妇女权益保障法〉办法》规定：“禁止违背妇女意志，以具有性内容或者与性有关的语言、文字、图像、电子信息、肢体行为等形式对妇女实施性骚扰。”

性骚扰的猥亵本质，决定了它是对女性人格的不尊重，侵害了女性的身体权、人格尊严和名誉权等人身权利。在职场上遭遇性骚扰，可以采取以下救济方法：

一是自力救济。可以主动向本人所在单位、行为人所在单位、各级妇联等举报。

二是民事救济。可以通过提起民事诉讼的方式要求骚扰人停止骚扰、道歉，并且赔偿精神损失。

三是行政救济。《中华人民共和国治安管理处罚法》规定，多次发送淫秽、侮辱或其他信息，干扰他人正常生活的，处5日以下拘留或者500元以下罚款；情节较重的，处5日以上10日以下拘留，可以并处500元以下罚款。性骚扰行为构成违反治安管理行为的，受害人可以要求公安机关按照此规定给予行政处罚。

四是刑事救济。根据现行《中华人民共和国刑法》的规定，如果侵害人的骚扰行为出现了强制、暴力等情况，那么有可能构成的罪名包括故意伤害罪（一般是轻伤）、猥亵、侮辱妇女罪或者强奸罪（一般是未遂）。受害人可以进行举报，由司法机关按照《中华人民共和国刑法》规定追究其刑事责任。比如案例中的刘某就构成了强制猥亵妇女罪。

但是，从目前的司法实践上看，无论是上述哪种救济方式，都存在举证难、认定难、赔偿难的问题。对簿公堂之后，受害人往往付出了巨大的精力，却无法获得相应的赔偿，即使法院支持了精神赔偿，也往往只有几千元，更甚者连加害人的一个道歉都得不到，还要承受个人名誉受损的代价。所以，现实中绝大多数职场性骚扰受害者受社会传统“多一事不如少一事”观念的影响，最终选择了沉默，不要说选择向公安机关报案，甚至提起民事诉讼的勇气都没有。

随着我国法治进程的不断加快，目前司法实践中已经有受害人胜诉的案例。所以，建议受害人不要轻易放弃法律的维权手段，一定要鼓起勇气，勇敢地向职场黑手说“不”。以下是几点建议：（1）寻找人证。找到能够证明骚扰发生的目击者，而且目击者最好愿意出庭作证，至少要能够提供书面的证言。（2）保存物证。比如收到的骚扰短信、电子邮件、视频、微信、QQ聊天记录等。（3）收集视听资料。录音、录像和照片等都可作为证据。若长期被性骚扰，可以随身携带录音机和摄像机、照相机进行取证。即使是偷录偷拍的资料，只要不侵犯对方合法权益或者违反法律禁止性规定，一般也会取得法院的认可。

此外，用人单位应当承担防止性骚扰的责任和义务。很多地方在《中华人民共和国妇女权益保障法》实施办法中都有用人单位应当采取必要措施预防和制止对妇女的性骚扰的规定，比如广东省的规定就比较详细，在该省《妇女权益保障法》实施办法中规定，用人单位和公共场所管理单位应当通过建立适当的环境、制定必要的调查投诉制度等措施，预防和制止对妇女的性骚扰。如果你在遭受性骚扰后，企业没有承担应尽的预防义务，可以一并起诉用人单位，法院可以根据用人单位采取措施的情况，判决其承担次要的赔偿责任。

《中华人民共和国妇女权益保障法》

第四十条　禁止对妇女实施性骚扰。受害妇女有权向单位和有关机关投诉。

《女职工劳动保护特别规定》

第十一条　在劳动场所，用人单位应当预防和制止对女职工的性骚扰。

15. 是不是所有的事情都可以进行公证?

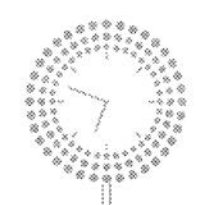

案例

王女士在朋友的朋友圈里发现了一则辱骂自己的信息，但还没等她想到如何应对时，对方就将信息删除了，朋友只是帮她留下了截图。王女士认为朋友圈里的信息很多人都能看到，辱骂对她的声誉造成了损害，于是准备拿着截图去公证处进行证据保全公证，然后到法院起诉发布者，但咨询后被公证人员告知无法公证。公证处解释，网站、邮件、论坛、微博、微信公众号侵权以及部分购物网站上出售商品的商标侵权行为，这些几乎能被所有人搜寻或者看到，因此都可以公证。公证时，公证员会在办公电脑上打开网页或者是邮件等，再通过打印网页、截图、下载等手段进行证据保全。但对于微信朋友圈以及QQ聊天记录而言，这些内容具有不确定性，很难鉴别微信、QQ主人的真实身份，所以进行公证也就没有意义。

律师解答

公证业务种类繁多，但并不是所有的公证申请都能受理。公证本身的目的在于预防纠纷、维护权利，一旦公证质量出现问题，公证就会失去公信力，因为公证首先要求的是公证内容必须真实、合法。社会上不少人却对公证存有误区，认为公证处就是收钱的地方，自己可以随意申请公证，以为公证是“无所不能”的。于是，一些稀奇古怪的公证事项也开始悄然出现在公证员面前，其中一些申请内容让人大跌眼镜，甚至令人目瞪口呆。

我国《中华人民共和国公证法》对可以公证的事项有明确规定，而且对于公证机构不予办理公证的事项也做出了规定。下面就举一些不能办理公证的例子。

第一，为躲避债务而公证。对符合法定条件的债权公证文书，《中华人民共和国公证法》规定债权人可以依法向法院申请强制执行。于是有些人就打起了这个规定的主意，试图通过骗取公证机构的公证文书逃避正当的债务，主要的伎俩包括申请公证伪造假借条和还款协议、签订的虚假抵押借款合同，夫妻之间进行财产分割然后进行公证等。

第二，“二奶”公证。有的女性在和已婚男士同居期间，为了确保自己的地位，到公证处要求办理确认同居关系的公证；有的男女双方签订同居协议，其中男方对女方提出了诸多生活中的苛刻要求，比如不得随意离开住所，不得与异性亲密接触，同时又明确约定男方要支付给女方很高的生活费用；还有的男士带着情人进行公证，要让他的“二奶”能够在自己去世之后分得他的一部分遗产。这些情况属于“二奶”协议，违反了《中华人民共和国婚姻法》的规定，也与社会的公序良俗相背离，因此公证员会拒绝做公证。

第三，夫妻忠诚的公证。新婚夫妇签订“忠诚协议”，约定男方不能打女方、工资上交、不能找“小三”等，若违反协议，男方就“净身”出户；还有人要求将“下班晚回家要提前向妻子报告”“每天要抽半小时陪妻子散步”等内容写入公证书。这类协议也无法得到公证，因为婚姻是自由的，夫妻之间的忠诚义务不仅是法定的，也是道德上的义务，有很多事情法律无法干涉。

第四，断绝亲属关系的公证。比如父子之间发生家庭矛盾，一方要求公证断绝父子关系。父母与子女之间的关系是自然形成的血缘关系，涉及伦理道德，是与生俱来的，不能通过法律或其他手段人为地加以解除。断绝父子关系、母女关系等要求有悖于法律和人伦常理，自然无法公证。

第五，不恰当的遗嘱公证。比如老人有四个儿子，其中三儿子因车祸致残失去劳动能力，他一直与小儿子生活在一起，想立遗嘱去世之后将房产留给小儿子。但根据《中华人民共和国继承法》的规定，遗嘱应当对缺乏劳动能力又没有生活来源的继承人保留必要的遗产份额。因此老人在遗嘱中应当为其三儿子保留相应的遗产份额，不能仅仅因为小儿子照顾得多而过分偏袒。

法律依据

《中华人民共和国公证法》

第三十一条　有下列情形之一的，公证机构不予办理公证：

（一）无民事行为能力人或者限制民事行为能力人没有监护人代理申请办理公证的；

（二）当事人与申请公证的事项没有利害关系的；

（三）申请公证的事项属专业技术鉴定、评估事项的；

（四）当事人之间对申请公证的事项有争议的；

（五）当事人虚构、隐瞒事实，或者提供虚假证明材料的；

（六）当事人提供的证明材料不充分或者拒绝补充证明材料的；

（七）申请公证的事项不真实、不合法的；

（八）申请公证的事项违背社会公德的；

（九）当事人拒绝按照规定支付公证费的。

16. 怎样才能确保代书遗嘱有效?

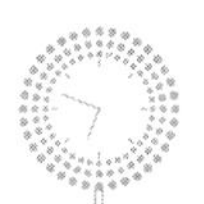

案例

2004年姜大爷与现任妻子丁某登记结婚，婚后未生育子女，但姜大爷与前妻生育了三个子女。2011年，姜大爷在去世前，在邻居江某、向某的见证下，由同事刘某代写了一份遗嘱，并在上面按了手印。遗嘱内容为：“本人姜某某因年事已高，现写遗嘱如下：本人过世后将本人所有财产及房屋留给妻子丁某壹人全权处理，与其他人无关。”姜大爷过世后分割遗产时，丁某称按照姜大爷的遗嘱，房屋归她所有，但姜大爷的三个子女认为遗嘱只有夫妻的手印，没有签名，遗嘱内容并非其真实意思表示，因此应按照法定继承分割财产。双方争执不下，于是起诉到法院。法院审理查明，姜大爷具有高中文化，生前是中医，长期手写处方，不存在不识字或不能签名的问题。如果当时丧失书写能力，不得不按手印代替签名，那么需要提供现场录音、录像等其他证据予以佐证，证明遗嘱内容是姜大爷的真实意思表示。由于丁某无法提供相关证据，因此法院认定该代书遗嘱无效。

代书遗嘱作为一种遗嘱类型，是指非由立遗嘱人自行书写的遗嘱，而是由

代书人根据立遗嘱人的意思表示代为书写的遗嘱。比如，很多老人因自身文化程度有限、对法律不够了解或疾病等，往往请人代写遗嘱，或者请人打印出遗嘱。

由于代书遗嘱非本人手写，其内容很容易违背立遗嘱人的本意，也有可能被变造、伪造，司法实践中大量代书遗嘱因不符合法律规定而被法院认定无效，为此法律对其形式进行了严格限定。《中华人民共和国继承法》规定，代书遗嘱必须要求有两个以上见证人在场见证，由其中一人代书，并需代书人、其他见证人和遗嘱人共同签名确认，且遗嘱见证人不能与继承人有利害关系。

鉴于代书遗嘱必须严格符合法律规定的形式要件，为了确保代书遗嘱的效力，可以按照以下程序制作：（1）首先邀请两名以上见证人到场，并请其中一人做代书人；（2）由立遗嘱人表达，代书人作记录；（3）代书完毕，代书人向遗嘱人和其他见证人宣读记录及遗嘱全文，或者传阅；（4）遗嘱人审阅无误后，代书人注明订立遗嘱的年、月、日和地点，并记明代书人姓名；（5）遗嘱人、代书人、见证人签名。如遗嘱人不会写字，应以按手印代替，由代书人在其手印前写明遗嘱人的姓名。

选择见证人时，最好找与继承人、被继承人无关的人，比如居委会、村委会的工作人员，所在单位的领导，律师、基层法律工作者等，尽量不要选择朋友、亲属、邻居等。如果经济条件较好，可以到公证处进行代书遗嘱公证，公证员会对遗产的范围、权属、立遗嘱人的精神状况、是否真实意思表示等进行严格审查。此外，也可以事先告知见证人见证遗嘱的后果，如果日后产生争议，可能需要见证人说明代书遗嘱的内容及具体订立经过。遗嘱人没有书写能力的，如果有正规医院出具的老人无法书写的相应病例材料或诊断证明，应予以留存，如果有条件，最好现场全程录像并留存。

法律依据

《中华人民共和国继承法》

第十七条第三款　代书遗嘱应当有两个以上见证人在场见证，由其中一人代书，注明年、月、日，并由代书人、其他见证人和遗嘱人签名。

第十八条　下列人员不能作为遗嘱见证人：

（一）无行为能力人、限制行为能力人；

（二）继承人、受遗赠人；

（三）与继承人、受遗赠人有利害关系的人。

17. 签合同时签名、盖章和摁手印，哪个效力高？

案例

2011年9月份，郭某因为修建自家房屋屋顶，需要租借一些建筑机械。经朋友介绍，他认识了专门租赁建筑工具的张某。随后，双方签订了正式的租赁合同，约定了租赁价格和还款期限，最后郭某郑重地在合同签上了“小毛”两字。张某碍于情面，对郭某的签字没有提出异议。3个月后郭某的还款期限到了，当张某拿着协议找他要钱时，郭某却不承认欠钱，并且说：“我何时租用你的工具、欠你的租金了？你看清楚，租赁人是小毛，不是我，你找错人了。”无奈，张某只好起诉至法院。面对法官，郭某掏出身份证说自己叫郭某，与小毛不是同一个人。法庭进行调查时了解到，大家都不知道郭某的小名叫“小毛”。于是，法官决定对合同上的签名和郭某的字迹进行鉴定。郭某听后慌了，他立即向法官承认，合同上的名字确实是自己签的，小毛是自己的小名。最终，法院认定双方的债权债务关系合法有效，判令郭某偿还租赁费用。

律师解答

日常生活中很多地方都需要大家签名盖章，尤其是在签订各种合同时，要求还不一样，有的只要求签名，有的要求签名加摁手印，有的盖章也可以。从法律上讲，无论是签名、盖章还是摁手印，都是证明一个人身份的有效形式，如果当事人之间没有特别约定，三者的效力是等同的。每一个人都有一个名字，名字是公民的代表符号，体现的是一个人的身份，在纸上签名、盖章或者摁手印，就表明自己对合约的认可。

三种方式单独来看，各有优缺点：（1）签名。优点是符合人们的日常习惯，可以最直接地明白身份，因为签名因人而异，通过笔迹可以识别签字人，而且签名与签名者不可分离，能够保证签名人的真实意愿；缺点是签名可能会被仿冒，而且有的人使用自己的小名、笔名，一旦发生纠纷，还要证明两个名字是同一个人，增加了举证责任；（2）盖章。优点是盖章简单省力，尤其是文件数量较多时，可以大大提高效率；缺点是个人印章不需要在公安部门备案，容易被私刻和伪造，而且存在“人章分离”的情况，有时很难证明所盖印章是本人真实的意思表示；（3）摁手印。优点是指纹具有唯一性，只要通过鉴定就可以确定是否本人所摁，对于一些不会写字的人来说，摁手印更方便；缺点是仅有手印的话无法直接证明当事人的身份，因此在实践中很少单独使用。

在签合同时，至于选择哪种方式，可以由当事人之间自己约定，既可以约定只需签字，也可约定只需盖章，或约定签字、盖章和摁手印三者须同时具备。在当事人没有特别约定的情况下，签字、盖章与摁手印具有同等的法律效力，即只要具备三者当中的任何一项，就可使合同成立。实践中，选择签名与摁手印相结合的情况居多，这种方式可以将两者互取其长，互补其短，确保所签之名是本人真实的意思，规避不必要的法律风险。

在签名时还要注意以下细节：首先，签名应该工整，要易于识别，不能龙飞凤舞，尽量不要使用艺术字；其次，签名要与身份证上的姓名一致，即便是熟人之间也不要写小名、笔名、艺名、法名，或者只写名不写姓；最后，建议签名后再写上身份证号码，避免同名同姓情况的发生，确保身份的唯一性。为了保险起见，还可以将身份证复印件附在文件的后面。

《中华人民共和国合同法》

第三十二条　当事人采用合同书形式订立合同的，自双方当事人签字或者盖章时合同成立。

《最高人民法院关于适用〈中华人民共和国合同法〉若干问题的解释（二）》

第五条　当事人采用合同书形式订立合同的，应当签字或者盖章。当事人在合同书上摁手印的，人民法院应当认定其具有与签字或者盖章同等的法律效力。

18. 身份证丢失后应该怎么办?

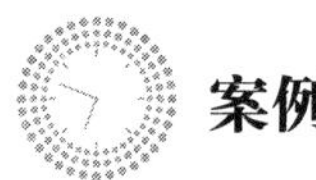

2005年5月5日，司女士身份证丢失，她很快到公安机关报案，并于5月8日申领了新身份证。2011年2月底，司女士接到某银行信用卡部门的电话，告知其核实以司女士所办公司名义申办信用卡的情况，但她从未成立过公司。后经查询得知，某工商注册代理公司以其名义作为法定代表人和唯一股东，先后登记注册了两家企业。于是，司女士提起行政诉讼，要求工商部门注销这两家自己根本不知道的公司，法院支持了她的诉讼请求。随后，她又以工商注册代理公司为被告，起诉对方侵犯其姓名权，并使其面临负债风险，要求赔偿其经济损失及精神抚慰金共计5万余元。法院经审理后，认为被告未尽到相应的注意义务，致使在授权委托等手续不真实的情况下代理实施了申请设立登记企业的行为，存在一定过失，最终判决赔偿司女士各项经济损失共计2.8万元。

身份证是一个人的身份证明，在现代社会，没有身份证可谓是“寸步难行”，坐不了火车、飞机，住不了宾馆，如果路上遇到警察盘查，由于无法提

供身份证，会让自己陷入麻烦之中。而且，身份证丢失后，会带来严重的后果。有的人一觉醒来，突然收到了银行的欠款催款通知书，告诉你欠了银行的钱，如果不还钱会影响个人信用记录；有的人莫名其妙成为某公司的法定代表人……

那么，一旦身份证丢失，我们应当怎么办呢？一般来说，可以从两个方面进行补救：一是办理挂失；二是尽快到公安部门申领补办身份证。

挂失是为了避免身份证被人冒用办理通信、银行等业务，被人恶意欠费而给当事人带来不必要的麻烦。身份证挂失是自愿的，可以在当地较大的媒体上发布“遗失声明”，登报声明身份证已作废。公示期满后，你就不必再担心那个丢失的身份证给你带来什么麻烦了。然而，2010年3月底，公安部曾在回答网民提问时明确表示，丢失身份证后不需要再办理挂失和登报声明，因为没有相关法律规定公民丢失居民身份证后必须这么做，公民向公安部门申请办理丢失补领证件的行为本身就告知了公安机关证件丢失的事实。

如果没有办理挂失，或者在挂失之前或是公示期间，身份证被人冒用了怎么办呢？根据公安部的解释，公民在使用居民身份证证明身份时，各相关证件使用部门负有核对人、证一致性的义务，确认无误后方可为持证人办理相关业务。如果居民身份证丢失被他人冒用，冒用者及相关部门应承担相应的法律责任，丢失证件者无须对自己未实施的行为承担责任。

第二种救济方式就是补领。根据2015年12月公安部发布的《关于建立居民身份证异地受理挂失申报和丢失招领制度的意见》，公民居民身份证丢失、被盗的，可持居民户口簿到常住户口所在地公安机关申报挂失并办理补领手续；离开常住户口所在地的，可到就近的户籍派出所或者办证大厅申报挂失。身份证可以在异地受理、挂失申报和丢失招领，就减少了身份证丢失后被冒用的风险。

根据媒体报道，2016年10月公安部已建成失效居民身份证信息系统并已上线试运行。这个系统首先会在银行试点后提供给社会各用证部门，与现有的公民身份信息系统进行联网核查，从而实现所有丢失或被盗居民身份证即时失效，无法在社会上继续使用。所以，一旦发现身份证丢失、被盗，应及时就近就地申报挂失并尽快补领新证，有效期满及时换领新证并交回旧证。此外，登记指纹信息的居民身份证可以有效防止被他人冒用，居民可随时到公安机关办理登记指纹信息的居民身份证。

《中华人民共和国居民身份证法》

第十一条第一款　居民身份证有效期满、公民姓名变更或者证件严重损坏不能辨认的，应当申请换领新证；居民身份证登记项目出现错误的，公安机关应当及时更正，换发新证；领取新证时，必须交回原证。居民身份证丢失的，应当申请补领。

第十七条　有下列行为之一的，由公安机关处二百元以上一千元以下罚款，或者处十日以下拘留，有违法所得的，没收违法所得：

（一）冒用他人居民身份证或者使用骗领的居民身份证的；

（二）购买、出售、使用伪造、变造的居民身份证的。

伪造、变造的居民身份证和骗领的居民身份证，由公安机关予以收缴。

Part 2

夫与妻

19. 一方不能生育，法院是否一定会判决离婚？

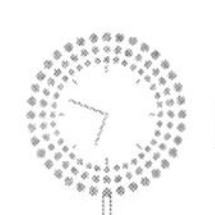

案例

段某与丈夫赵某2007年自愿登记结婚，婚后双方一直没能生育孩子。经医院检查，发现赵某患有前列腺疾病，精子成活率低，后经多次治疗，一直无法治愈。2013年12月，段某向法院起诉，称赵某不具备生育能力，剥夺了其做母亲的权利，造成夫妻双方感情破裂，请求法院判决离婚。

律师解答

根据《中华人民共和国婚姻法》的规定，法院审理离婚案件认定准予或不准离婚是以“夫妻感情是否确已破裂”作为依据。对于夫妻感情是否破裂，法院会从双方的婚姻基础、婚后感情、离婚原因、夫妻关系的现状和有无和好的可能等方面综合判断，而不会单纯以能不能生育子女作为判决离婚的理由。

《中华人民共和国婚姻法》第32条规定了法院可以判决离婚的法定事由，包括：（1）重婚或有配偶者与他人同居的；（2）实施家庭暴力或虐待、遗弃家庭成员的；（3）有赌博、吸毒等恶习屡教不改的；（4）因感情不和分居满2年的；（5）其他导致夫妻感情破裂的情形。所以，不能生育不是法院判决离婚的法定理由，但可以作为确认夫妻感情破裂的因素之一予以着重考虑。

案例中，赵某无法让段某生育的原因并不是违法的，也不是自己故意为之，不能因一方不能满足对方的生育权，就认定侵犯对方的生育权，更不能就此认为夫妻感情彻底破裂。对于此种情况，法院一般不会直接判决离婚。

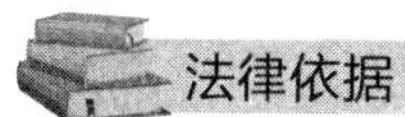

法律依据

《关于人民法院审理离婚案件如何认定夫妻感情确已破裂的若干具体意见》

根据婚姻法的有关规定和审判实践经验，凡属下列情形之一的，视为夫妻感情确已破裂。一方坚决要求离婚，经调解无效，可依法判决准予离婚。

1. 一方患有法定禁止结婚疾病的，或一方有生理缺陷，或其他原因不能发生性行为，且难以治愈的。

20. 妻子不愿意生孩子，丈夫能起诉离婚吗?

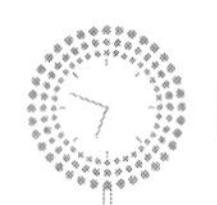

案例

刘某与妻子王某是高中同学，2012年两人结婚，但是婚后一直没有生育孩子。刘某怀疑自己身体有问题，但是检查之后没有发现毛病，于是要求妻子也去医院检查。在丈夫一再催促下，妻子最终说明真相，原来夫妻两人收入微薄，租住在狭窄的地下室内，公公还患病住院。考虑到家庭收入和居住条件，和丈夫一起在城里打工的妻子不想生孩子，背着丈夫采取了避孕措施。在多次劝说无果后，刘某以妻子侵犯其生育权为由，起诉妻子，要求和妻子离婚。在案件审理过程中，王某称她与丈夫婚后感情很好，不同意与丈夫离婚，现在坚持不生育子女，是为抽出时间照顾丈夫年迈的父亲。最终，法院驳回了刘某的诉讼请求。

律师解答

近年来，以生育权被侵害为由提出离婚诉讼的案件日益增多。尤其是二胎政策放开后，很多丈夫希望再要一个孩子，可是妻子迫于生活、工作压力，尤其是白领女性，没有精力再生育孩子。这时，男方会认为自己的“生育权”被侵犯了。

我国法律规定夫妻双方均享有生育权，但生育权的实现取决于夫妻双方的共同意志，单独一方没有办法完成。在是否生育的问题上，夫妻双方应彼此尊重对方的生育权，协商进行，当女性不愿意生育时，任何人都不应当强制其生育，更不能强迫、命令或是把自己的意志强加给对方。现在很多女性的权利意识不断增强，她们强调妇女有自主决定生育的权利，而不是生育机器，一些女性因为怕丢工作，或者担心影响身材而不肯怀孕，或者有的怀孕后悄悄流产。根据婚姻法司法解释三的规定，出现这种情况时，法院不会支持丈夫向妻子的侵权赔偿请求，但赋予了丈夫选择离婚的自由，如何双方协商离婚不成，丈夫可以起诉离婚，这算是对丈夫“生育权”的一种补偿吧！

不过，是否离婚还要以夫妻感情确已破裂为条件，夫妻感情确已破裂且无法调和是法院最终判决离婚与否的法律依据。“不生孩子”仅仅是导致夫妻感情出现不和的原因，是法院在审查夫妻感情是否确已破裂时考虑和综合分析的因素之一，属于《中华人民共和国婚姻法》第32条规定的“其他导致夫妻感情破裂的情形”。

所以，如果夫妻双方因生育权发生纠纷，致使夫妻感情确已破裂，一方请求离婚的，法院经调解无效，准予离婚的可能性非常大。当然，如果双方感情尚未破裂，当事人仅仅以生育权被侵害为由起诉要求离婚，法院一般是不会支持原告的诉讼请求的。

法律依据

《中华人民共和国妇女权益保障法》

第五十一条　妇女有按照国家有关规定生育子女的权利，也有不生育的自由。

《最高人民法院关于适用〈中华人民共和国婚姻法〉若干问题的解释（三）》

第九条　夫以妻擅自中止妊娠侵犯其生育权为由请求损害赔偿的，人民法院不予支持；夫妻双方因是否生育发生纠纷，致使感情确已破裂，一方请求离婚的，人民法院经调解无效，应依照婚姻法第三十二条第三款第（五）项的规定处理。

21. 夫妻尚未离婚，能否向对方索要孩子的抚养费？

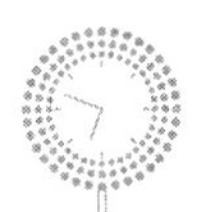

案例

2008年3月，梁女士与杨先生登记结婚，2009年5月梁女士生下儿子。之后夫妻两人因为家庭经济问题时常发生争执，导致夫妻感情不和。杨先生索性离家外出打工，一直没有与家里联系，也没有承担儿子的生活、学习等费用。梁女士独自带着儿子生活，靠在超市打工维持两人生计，微薄的收入根本不够儿子每月生活开支，母子二人生活举步维艰。2015年4月，梁女士的儿子将杨先生告上法庭，要求父亲支付抚养费。法院认定被告与原告法定代理人梁女士现仍为夫妻关系，双方都有抚养子女的权利和义务，酌定判决被告杨先生每月给付儿子抚养费400元。

律师解答

一般都是在夫妻离婚时或者离婚后，一方会要求另一方支付未成年子女抚养费。不过现实生活中，夫妻因感情不和不离婚却长期分居生活，未成年子女由一方长期单独抚养照顾的情况并不少见。这种情况下，未与子女生活的一方实际上并未承担子女的抚养义务。

根据法律规定，父母对子女的抚养教育义务是法定的，不因父母分居或离婚而免除该义务。只要父母不履行抚养义务的行为影响了未成年子女的正常生活、学习或身心健康，不论是否离婚，都可以索要抚养费。因此，上述案例中妻子梁某完全可以要求杨某支付儿子的抚养费，如果杨某拒绝，可以依法向法院提起诉讼，寻求法律的支持。

不过需要注意的是，婚内索要抚养费是在2011年实施的《最高人民法院关于适用〈中华人民共和国婚姻法〉若干问题的解释（三）》中开始规定的，在此之前法律仅支持离婚时索要抚养费。由于属于新情况，这种索要抚养费的方式操作起来还存在难度，比如在举证方面，一方主张对方未履行抚养义务，往往需要证明双方分居，一旦对方否认分居，就会很难举证；此外，如果双方在分居期间有转账汇款等金钱往来，一方主张是正常的经济往来，另一方坚持主张是抚养费，此时金钱往来的性质便很难查清楚。

法律依据

《最高人民法院关于适用〈中华人民共和国婚姻法〉若干问题的解释（三）》

第三条　婚姻关系存续期间，父母双方或者一方拒不履行抚养子女义务，未成年或者不能独立生活的子女请求支付抚养费的，人民法院应予支持。

22. “小三”有权分得遗产吗?

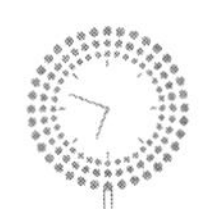

案例

纪某和妻子程某两人长期分居，由于纪某身患多种疾病，一直由护工李某照顾。在相处的过程中，两个人日久生情，一直同居长达8年。2015年纪某去世后，“小三”李某拿着纪某留下的遗嘱将原配程某起诉到法院，要求继承纪某名下部分财产，而且这份遗嘱已经进行了公证。程某指责李某为“小三”，破坏别人家庭，违反了伦理道德，所以遗嘱无效，无权继承纪某的财产。

按照我国继承法的规定，“小三”不属于法定继承人，因此无权按照法定继承参与死者的财产分割，但可以通过遗嘱的方式参与继承。我国法律规定，公民有遗嘱自由，可以立遗嘱将个人财产赠给国家、集体或者法定继承人以外的人，而且遗嘱继承优先于法定继承。遗嘱的形式包括公证遗嘱、自书遗嘱、代书遗嘱、录音遗嘱和口头遗嘱五种。公证遗嘱的效力最高，自书、代书、录音、口头遗嘱，不得撤销、变更公证遗嘱。因此，从表面上看，男方可以通过立遗嘱的方式让“小三”继承到他的合法财产，这是符合法律规定的。

然而，在案例中，纪某并未与妻子程某离婚，就与李某长期同居，这违反了《中华人民共和国婚姻法》“一夫一妻的婚姻制度”“禁止有配偶者与他人同居”以及“夫妻应当互相忠实、互相尊重”的法律规定，是一种违法行为。纪某所立下的遗嘱也是基于同居关系，这有悖于公序良俗，应属无效行为。在审判实践中，法院一般也支持这一观点，会驳回“小三”要求继承遗产的诉讼请求。

不过，需要注意的是，如果是当事人与“小三”所生的子女要求继承的，应予以支持。因为根据法律规定，非婚生子女享有与婚生子女同等的权利，也即享有相同的继承权。法律不能以保护传统家庭的名义将非婚生子女排除在遗产继承之外。

法律依据

《中华人民共和国民法总则》

第八条　民事主体从事民事活动，不得违反法律，不得违背公序良俗。

《中华人民共和国继承法》

第十六条　公民可以依照本法规定立遗嘱处分个人财产，并可以指定遗嘱执行人。

公民可以立遗嘱将个人财产指定由法定继承人的一人或者数人继承。

公民可以立遗嘱将个人财产赠给国家、集体或者法定继承人以外的人。

第二十二条　无行为能力人或者限制行为能力人所立的遗嘱无效。

遗嘱必须表示遗嘱人的真实意思，受胁迫、欺骗所立的遗嘱无效。

伪造的遗嘱无效。

遗嘱被篡改的，篡改的内容无效。

23. 遭遇家暴时，如何申请“人身安全保护令”？

案例

张女士1994年与李某登记结婚，婚后育有一子。自结婚以来，李某游手好闲，无所事事，张女士独自负担家庭开支，每当李某手头拮据伸手要钱得不到满足时，便对张女士拳脚相向。张女士不堪忍受，向法院提起离婚诉讼，但李某不愿离婚。审理期间，张女士向法院申请人身安全保护，法院向张女士发出“人身安全保护令”，禁止李某殴打、威胁、骚扰、跟踪张女士及其近亲属，并向李某送达了裁定书，同时也向辖区派出所及张女士所在的居委会送达了裁定书和协助执行通知书。之后不久，张女士向派出所报案，称被李某殴打。于是，法院开庭审理，李某对法院向派出所调取的殴打张女士的证据没有异议。法院认为李某违反了“人身安全保护令”，据此，公安机关决定对李某行政拘留五日。

律师解答

家庭暴力是指家庭成员之间以殴打、捆绑、残害、限制人身自由以及经常性谩骂、恐吓等方式实施的身体、精神等侵害行为。如何预防家庭暴力，保护家庭中弱者的人身不受伤害一直是法律关注的焦点。“人身安全保护令”很好地解决了这个问题。

“人身安全保护令”是2016年3月1日正式施行的《中华人民共和国反家庭暴力法》的一大亮点，作为一种诉讼保全措施，当受害人遭受来自其家庭成员的暴力侵害时，可以向法院提出发出该裁定的申请。如果是在离婚、继承等诉讼过程中提出的申请，正在审理这些案件的法官或合议庭可以进行裁定；如果在没有发生诉讼的情况下遭受家庭暴力，受害一方也可以单独就人身安全保护提出申请，此时为了尽快实现保护措施，法院会采用简易程序，由法官独任审理作出准许的裁定。在裁定是否准许时，法官如果认为有必要，也会将被申请人（即实施家庭暴力的一方）传唤到法庭进行询问，确认是否的确需要颁布人身安全保护令。裁定作出后，被申请人就不能再行施暴，不能伤害或威胁到受害人，从而借助国家强制手段加强对弱者的保护，抑制施暴者的行为。

此外，根据《最高人民法院关于人身安全保护令案件相关程序问题的批复》，申请“人身安全保护令”不需要缴纳诉讼费，不需要提供担保，减轻了受害人的负担，打消其顾虑，鼓励受害人通过法律手段保护自身安全。按照《中华人民共和国反家庭暴力法》的规定，如果被申请人违反“人身安全保护令”，构成犯罪的，依法追究刑事责任，比如经常性的暴力行为达到了虐待的程度，可依虐待罪进行处罚，如果造成他人轻伤，就属于故意伤害罪。对于尚不构成犯罪的，法院会给予训诫，还可以根据情节轻重处以1000元以下罚款、15日以下拘留。

法律依据

《中华人民共和国反家庭暴力法》

第二十三条　当事人因遭受家庭暴力或者面临家庭暴力的现实危险，向人民法院申请人身安全保护令的，人民法院应当受理。

当事人是无民事行为能力人、限制民事行为能力人，或者因受到强制、威吓等原因无法申请人身安全保护令的，其近亲属、公安机关、妇女联合会、居民委员会、村民委员会、救助管理机构可以代为申请。

第二十八条　人民法院受理申请后，应当在七十二小时内作出人身安全保护令或者驳回申请；情况紧急的，应当在二十四小时内作出。

第二十九条　人身安全保护令可以包括下列措施：

（一）禁止被申请人实施家庭暴力；

（二）禁止被申请人骚扰、跟踪、接触申请人及其相关近亲属；

（三）责令被申请人迁出申请人住所；

（四）保护申请人人身安全的其他措施。

第三十条　人身安全保护令的有效期不超过六个月，自作出之日起生效。人身安全保护令失效前，人民法院可以根据申请人的申请撤销、变更或者延长。

24. 分居两年可以自动离婚吗?

案例

李某和丈夫甘某各自在外打工，已经分居多年，到后来彼此再没有任何联系。她听人说只要分居满两年就可以自动离婚了，所以多年过去了，李某以为自己已经离婚了。后来，李某结识了黄某，双方经过交往建立了深厚的感情。2015年6月，两人到民政局登记结婚，却被告知李某属于已婚。这时，李某才知道自己根本没有离婚。

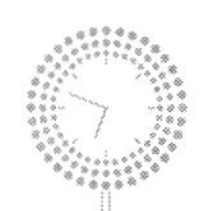

律师解答

根据《中华人民共和国婚姻法》第32条的规定，因感情不和分居满两年的，调解无效的，应准许离婚。从该规定中可以看出，分居两年并不必然导致离婚，只是法院判决离婚的条件之一。除此之外，还需要满足以下三个条件法院才有可能准许离婚：

第一，要求双方连续两年分居，互不履行夫妻义务。这种分居期限必须是不间断、持续性的分居，通俗讲就是连续两年没有见面，经济上没有互相帮助，生活上也互不关心，也没有履行夫妻义务。

第二，双方因感情不和而分居。分居的原因不能是工作、学习等客观上造成夫妻异地居住。比如夫妻双方或一方外出打工，由于交通、收入等因素的限制而不能在一起，虽然有分居的事实，但却不是由于感情不和造成的。

第三，需经法院调解，且无和好可能。法院审理离婚案件，必须综合双方的婚姻基础、婚后感情、离婚原因、夫妻关系的现状以及有无和好可能等因素。长时间的分居是法院考虑的重要因素之一，但是分居两年并不会自动离婚。

综上，社会上一些人所说的“分居两年就自动离婚”是错误的，和法律的规定不一致，大家切莫相信。

《中华人民共和国婚姻法》

第三十二条　男女一方要求离婚的，可由有关部门进行调解或直接向人民法院提出离婚诉讼。

人民法院审理离婚案件，应当进行调解；如感情确已破裂，调解无效，应准予离婚。

有下列情形之一，调解无效的，应准予离婚：

（一）重婚或有配偶者与他人同居的；

（二）实施家庭暴力或虐待、遗弃家庭成员的；

（三）有赌博、吸毒等恶习屡教不改的；

（四）因感情不和分居满二年的；

（五）其他导致夫妻感情破裂的情形。

一方被宣告失踪，另一方提出离婚诉讼的，应准予离婚。

25. 如何与服刑人员办理离婚?

案例

于某2001年与丈夫胡某结婚，第二年就有了第一个孩子。可是2003年老公胡某因盗窃罪被判刑3年，于某不离不弃等了丈夫3年。从牢里出来后他们又一起过了5年，在这期间他们又有了一个女儿。可是没过多久，丈夫胡某又因为涉嫌抢劫罪被判刑了，而且直到胡某开始在外地监狱服刑，于某才知道这个消息。于某看到丈夫不思悔改，每次探视的时候都提出离婚，可是胡某一直不同意。

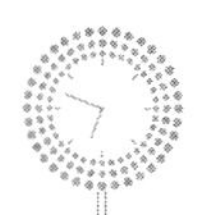

律师解答

离婚可以采取两种方式：一种是去婚姻登记地的民政局自愿离婚，即协议离婚；另一种是去法院通过诉讼方式离婚，即诉讼离婚。协议离婚是指夫妻对是否离婚、子女抚养和财产分割达成一致后，在民政局登记离婚领取离婚证；诉讼离婚则是夫妻无法就是否离婚、子女抚养和财产分割达成一致，向法院起诉离婚，由法院进行判决。如果夫妻感情破裂，可以根据情况选择适合自己的离婚方式。

对于服刑犯人而言，协议离婚的可能性不大。因为根据《婚姻登记管理条例》的相关规定，离婚时，男女双方应当共同到一方当事人常住户口所在地的婚姻登记机关办理离婚登记。由于服刑人员的人身自由受到限制，无法亲自去民政部门办理离婚手续，民政部门也几乎不可能到监狱现场办公，监所更不可能会将犯人押解至婚姻登记机关现场办理离婚手续，所以只能通过诉讼离婚的方式。

根据《中华人民共和国民事诉讼法》的规定，对被监禁的人提起的离婚诉讼，由原告住所地法院管辖；原告住所地与经常居住地不一致的，由原告经常居住地法院管辖。由于服刑人员被限制人身自由，一般不能到庭应诉。一般情况下，受理案件的法院会安排到监狱所在地开庭，而非在法院审判庭内进行。立案后，法官会选定时间前往监狱开庭。如果服刑人员同意离婚，也对子女抚养问题和财产分割没有异议，双方能够达成调解协议的，由法院制作民事调解书，双方婚姻关系解除。

法律依据

《中华人民共和国民事诉讼法》

第二十二条　下列民事诉讼，由原告住所地人民法院管辖；原告住所地与经常居住地不一致的，由原告经常居住地人民法院管辖：

（四）对被监禁的人提起的诉讼。

《关于人民法院审理离婚案件如何认定夫妻感情确已破裂的若干具体意见》

第八条　双方当事人都被监禁或者被采取强制性教育措施的，由被告原住所地人民法院管辖。被告被监禁或者被采取强制性教育措施一年以上的，由被告被监禁地或者被采取强制性教育措施地人民法院管辖。

《关于人民法院审理离婚案件如何认定夫妻感情确已破裂的若干具体意见》

根据婚姻法的有关规定和审判实践经验，凡属下列情形之一的，视为夫妻感情确已破裂。一方坚决要求离婚，经调解无效，可依法判决准予离婚。

11. 一方被依法判处长期徒刑，或其违法、犯罪行为严重伤害夫妻感情的。

26. 如何把婚前个人财产变成婚后夫妻共有财产?

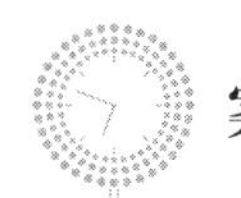

案例

2015年初，万某与女友李某经人介绍相识。恋爱期间，万某用自己多年打工的积蓄在县城购买了一处房屋作为婚房，房子的首付及贷款包括装修等所有费用均由万某一人承担。婚后，夫妻感情一直融洽，但一直没有孩子。后来李某要求在房产证上加上自己的名字，并且表示如不添加，就要离婚。万某为了息事宁人，维护来之不易的家庭，只好到房管局办理了加名手续。随后，双方因为家庭琐事，感情日渐淡漠，准备离婚，但在夫妻共同财产的认定和分割问题上产生了分歧。万某认为房子是自己的，当初加名是李某欺骗所致，要求将李某的名字从房产证上去掉，而李某认为自己婚后全心全意照顾家庭，还出外打工贴补家用，房子加名也是万某自愿的，所以自己依法享有房屋的一半所有权。法院支持了李某的请求，最终判决房子归万某所有，但由万某支付房屋价值折款95万元给李某。

律师解答

大家都知道，如果不想把自己婚前的个人财产变成夫妻共有，可以在结婚之前办理婚前财产公证。但是如何将婚前个人财产变成婚后夫妻共有财产，这恐怕是很多嫁给有钱人的女性需要考虑的问题，毕竟把本来属于对方的个人婚前财产变成夫妻双方的共同财产，可以让自己在婚姻生活中不会处于完全被动的地位，即使分手离婚了，生活也会有所保障。

根据婚姻法的相关规定，原则上，夫妻一方所有的财产不因婚姻关系的延续而转化为夫妻共同财产，但当事人另有约定的除外。正是基于“另有约定”，实践中将婚前个人财产变成婚后夫妻共有财产的方式有两种：

一是赠与。赠与是感情的表达，无论是婚前还是婚后，一个人都可以将自己的财产赠与对方，表达自己的爱意。需要注意的是，一般的物品只要交付给对方就算完成了赠与，而汽车和房产需要办理完产权登记手续，才能算完成了赠与，否则根据规定赠与人可以在变更登记之前撤销赠与。但是经过公证的赠与是不能撤销的，所以稳妥起见，当事人可以先办理公证手续。案例中万某将自己婚前个人购买的房子在婚后加上妻子的名字，也属赠与，这种自愿赠与房屋产权的行为，已发生了变动房屋产权的法律效力，即该房屋为双方共同拥有。

二是约定。即双方采用协议、合同的方式，将一方的财产约定归对方所有，这种约定一经双方签字即发生法律效力。协议签订后，为防止反悔，应尽快按照协议约定，能够履行的尽快履行，比如办理房屋、车辆登记过户手续或者存款进行转账或者现金交付，以防夜长梦多。同时，在协议中约定违约金，一旦一方反悔，在离婚时另一方能得到相应的补偿。这种财产约定既可以在婚前，也可以在婚后，但在婚前约定的话，结婚的时候才能生效；如果约定之后没有结婚，则约定不会产生法律效力。

需要提醒的是，无论是赠与还是约定，都必须双方自愿。“强扭的瓜不甜”，抛开法律而言，一个人的安全感更多来源于自身的努力，而不是靠从婚姻中的另一方获得，一方对另一方的依附并不能长久，强行获得对方的财产，虽然符合法律，但却可能会伤害到对方的感情，加速两个人关系的破裂。须知，婚姻是两个人的事，只有双方共同努力才能获得对方真正的尊重，幸福生活方能长久。

法律依据

《中华人民共和国婚姻法》

第十九条　夫妻可以约定婚姻关系存续期间所得的财产以及婚前财产归各自所有、共同所有或部分各自所有、部分共同所有。约定应当采用书面形式。没有约定或约定不明确的，适用本法第十七条、第十八条的规定。

夫妻对婚姻关系存续期间所得的财产以及婚前财产的约定，对双方具有约束力。

夫妻对婚姻关系存续期间所得的财产约定归各自所有的，夫或妻一方对外所负的债务，第三人知道该约定的，以夫或妻一方所有的财产清偿。

《最高人民法院关于适用〈中华人民共和国婚姻法〉若干问题的解释（三）》

第六条　婚前或者婚姻关系存续期间，当事人约定将一方所有的房产赠与另一方，赠与方在赠与房产变更登记之前撤销赠与，另一方请求判令继续履行的，人民法院可以按照合同法第一百八十六条的规定处理。

《中华人民共和国合同法》

第一百八十六条　赠与人在赠与财产的权利转移之前可以撤销赠与。

具有救灾、扶贫等社会公益、道德义务性质的赠与合同或者经过公证的赠与合同，不适用前款规定。

27. 儿媳对公婆、女婿对岳父母有赡养义务吗?

案例

魏大爷夫妇已年逾七旬，育有两个儿子并各自成家立业，二老先后资助他们结婚，另立门户，家庭一直比较和睦。但从2013年开始，两个儿子因琐事与父母产生矛盾，对二老的生活不闻不问。2014年，大儿子因交通事故死亡，留下大儿媳王某独自抚养孩子。2015年11月，二老以年老体弱多病、无劳动能力也无其他经济来源为由，向当地法院起诉，要求二儿子、大儿媳王某每月每人承担二老的赡养费各300元。法院经审理认为，两原告请求二儿子给付赡养费的理由正当，但被告大儿媳王某与两原告并非法律上的父母子女关系，不具有父母子女间的权利和义务，其作为儿媳对两原告没有法定的赡养义务。因此，两原告要求被告王某给付赡养费的诉讼请求，法院不予支持。

律师解答

按照《中华人民共和国老年人权益保障法》和《中华人民共和国婚姻法》的规定，赡养人的范围非常明确，包括婚生子女、非婚生子女、养子女、有抚养关系的继子女以及有负担能力的孙子女、外孙子女，但不包括儿媳、女婿。

也就是说，法律并未规定儿媳对公婆、女婿对岳父母负有赡养义务。儿媳与公婆、女婿与岳父母虽然按父母子女关系相称，却并非法律上的父母子女关系，不具有父母子女间的权利义务。因此，儿媳、女婿不承担赡养义务。

但是，尊老爱幼是我们中华民族的传统美德，儿媳、女婿虽然没有赡养公婆、岳父母的法定义务，但有协助配偶赡养老人的义务，这是作为儿媳、女婿应尽的本分。不过需要明确的是，协助义务不是赡养义务，也不会代替赡养义务，并且只适用于夫妻关系存续期间。如果赡养人同其配偶解除婚姻关系，或者赡养人死亡，那么，配偶一方协助赡养的义务便自动解除。

为了弘扬社会美德，保证和谐美满的家庭氛围，法律鼓励儿媳、女婿赡养老人，并给予了一定的法律支持。《中华人民共和国继承法》第12条就规定，丧偶儿媳对公婆，丧偶女婿对岳父母尽了主要赡养义务的，可以作为第一顺序继承人。这条规定就确保尽了赡养义务的儿媳、女婿的权益，直接作为第一顺序继承人参与继承，与老人的儿子、女儿享有同等继承权益。

法律依据

《中华人民共和国婚姻法》

第二十一条　父母对子女有抚养教育的义务；子女对父母有赡养扶助的义务。

父母不履行抚养义务时，未成年的或不能独立生活的子女，有要求父母付给抚养费的权利。

子女不履行赡养义务时，无劳动能力的或生活困难的父母，有要求子女付给赡养费的权利。

禁止溺婴、弃婴和其他残害婴儿的行为。

第二十八条　有负担能力的祖父母、外祖父母，对于父母已经死亡或父母无力抚养的未成年的孙子女、外孙子女，有抚养的义务。有负担能力的孙子女、外孙子女，对于子女已经死亡或子女无力赡养的祖父母、外祖父母，有赡养的义务。

《中华人民共和国老年人权益保障法》

第十四条　赡养人应当履行对老年人经济上供养、生活上照料和精神上慰藉的义务，照顾老年人的特殊需要。

赡养人是指老年人的子女以及其他依法负有赡养义务的人。

赡养人的配偶应当协助赡养人履行赡养义务。

28. 一方出轨后，离婚时就要净身出户吗?

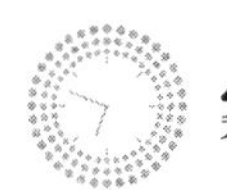

案例

金某于2008年6月与女友张某结婚。婚后经过几年的打拼，夫妻俩按揭购买了一套住房和一辆小轿车。不久之后，夫妻俩生下一个儿子。2013年3月，张某发现丈夫行动有点诡异，调查之后发现丈夫与另一名女子在某小区同居，金某对此也承认。张某十分生气，要求与金某离婚。金某不愿意离婚，苦苦哀求。为表真心，金某当着张某和家人的面，写下保证书，内容为："保证今后对家庭忠诚，如果因我与其他女人有不正当男女关系，而造成夫妻感情破裂，我负主要责任的，我愿意放弃与张某婚姻关系存续期间的全部财产，并赠予女方。"然而，没过多久，金某恶习难改，又与其他女人同居。张某发现，坚决要求与金某离婚。金某自知理亏，怕自己辛苦打拼的财产归张某所有，明确表示不想离婚。随后，张某向法院起诉离婚，要求取得全部财产。法院经过审理认为，签署保证书时张某没有对金某实施欺诈或胁迫等行为，也没有引导金某做出错误的意思表示，保证书的内容是金某的真实表示，属于合法的赠与行为，真实有效，遂判决准许离婚，张某同时获得全部财产。

“净身出户”通俗讲就是离婚时一方要求另一方放弃一切财产，直接带自己的身体走。我国婚姻法规定，一方有过错，另一方可以提起损害赔偿，过错包括四类，即重婚，有配偶者与他人同居，实施家庭暴力，虐待、遗弃家庭成员。从中可以看出，一般的“出轨”行为并不属于我国法律规定的过错，不是可以提出损害赔偿的情形。况且，即使一方存在过错导致离婚，也并不影响离婚财产的分割，不会必然导致不分或者少分。

在离婚案件中，对于过错的赔偿，证据充分的话，法院一般会支持无过错方的损害赔偿请求，而损害赔偿的金额要与损害后果相适应，不可能“漫天要价”，使有过错的一方由“富可敌国”瞬间变为“一无所有”。法官一般都会根据双方经济条件以及过错程度综合考虑，赔偿的数额一般也不会太高，有钱的可能会判十几万甚至几十万，经济基础比较薄弱的，可能只有几千或几万元。

所以，“出轨”不会导致“净身出户”。法院基本上也不会“不分”，而只是会“少分”。除了在个别案件中，当事人为了追求离婚放弃财产会出现净身出户的情形。通常情况下，法庭在判决中都会根据当事人的过错程度进行财产分配，一般不会有净身出户的情况发生。

因此，除非出轨的一方自愿净身出户，否则很难让对方净身出户。当然，如果是协议离婚的话，双方可以在离婚协议书上对夫妻共同财产进行约定，出轨的一方放弃所有财产，甚至将属于自己的个人财产赠予给另一方作为补偿，法律也是允许的，就像案例中金某写下的保证书一样。但需要强调的是，这种无偿赠予的约定必须出于本人真实的意思表示，如果是被胁迫或被诱骗，比如因被捉奸在床不得不写下保证书才能脱身之类，则是无效约定，法院也不会支持。

法律依据

《中华人民共和国婚姻法》

第四十六条　有下列情形之一，导致离婚的，无过错方有权请求损害赔偿：

（一）重婚的；

（二）有配偶者与他人同居的；

（三）实施家庭暴力的；

（四）虐待、遗弃家庭成员的。

29. 夫妻忠诚协议是否具有法律效力?

案例

某甲与妻子某乙于2002年6月结婚，双方于2002年7月签订了一份协议，其主要内容为：任何一方都要洁身自好，不得发生婚外性行为，否则违约方应向对方补偿名誉损失费及精神损失费30万元。2003年8月，某甲与其他女性发生男女关系，被妻子某乙发现。不久某乙起诉离婚，主张夫妻平分财产的同时，要求某甲按协议另补偿其30万元。法院经过审理，确认双方达成的忠诚协议合法有效，判决某甲支付某乙“违约金”30万元。

律师解答

近几年，随着离婚率的不断升高，夫妻双方对婚姻的不安全感也在不断攀升，单纯的道德调整已经无法满足当事人需求，限制忠诚的条件已经从感情发展到了经济权利等方面，很多夫妻会在感情出现问题时签订“忠诚协议”。所谓“忠诚协议”，就是男女双方在婚前或者婚后，自愿签订的，因在婚姻存续期间违反婚姻法所倡导的夫妻相互忠实的义务，过错方在经济上对无过错方支付违约金、赔偿金、放弃部分或者全部财产的协议。

现实中“忠诚协议”的内容五花八门，有的甚至逾越了法律和公序良俗的范围。因此，对于“忠诚协议”的法律效力，不能一概而论。各地法院对待忠诚协议的态度不尽相同，北京、安徽、广东等地出现过支持的判决，而另一些地方的法院倾向于不予受理。

违反法律强制性规定的“忠诚协议”肯定无效。比如，在捉奸现场一方强迫另一方订立“忠诚协议”，由于违背了对方的意愿，属于无效协议；再比如，其中规定如果一方出轨，必须净身出户、不能探视子女、不得提出离婚等，这种内容违反“婚姻法”的规定，当然无效。

对于违约金条款，一些人认为合同法规定婚姻等有关身份关系的协议适用其他法律的规定，所以“忠诚协议”不能直接适用合同法关于违约责任的条款，而且夫妻忠诚义务难以量化为明确的财产数额，所以属于无效内容。但是如果约定的违约金不高，是有可能获得法院支持的，司法实践中也出现了这样的案例，甚至有法院支持了当事人提出的“空床费”。不过，如果违约金得不到支持，但有证据证明对方存在重婚或有婚外同居过错的，无过错方可以请求赔偿一定数额的精神损害赔偿。

还有一些夫妻试图将签订好的“忠诚协议”拿到公证处进行公证。但是根据公证法的规定，这类协议无法得到公证，因为婚姻是自由的，夫妻之间也应当相互忠实。自由和忠实义务不仅仅是法律上的义务，更多的是道德上的义务。婚姻应该由法律规范，法律对于爱情或者情感就无能为力了。

法律依据

《中华人民共和国婚姻法》

第四条　夫妻应当互相忠实，互相尊重；家庭成员间应当敬老爱幼，互相帮助，维护平等、和睦、文明的婚姻家庭关系。

30. 夫妻购买的小产权房，离婚时如何分割？

李某与丈夫秦某于1999年5月登记结婚，次年生育一男孩。2006年1月份，夫妻购买了位于市郊的两套房屋，并由村民委员会制发了所有权证书，均登记在李某名下，两套房屋共支付购房款60余万元。2013年，双方感情不和，起诉到法院离婚，同时要求分割李某名下的两套房产。法院经审理认为，夫妻双方均非房屋所在地的集体经济组织成员，所有权证为村民委员会制发，依法不能产生物权设立、变更、转让的法律后果，因此所购房屋为小产权房，两人实际并未取得该两套房屋的合法的所有权。最终法院判决，由两人各取得一套房屋的使用权。

近年来，由于城市商品住房价格上涨过快，小产权房在一定程度上满足了中低收入者购买低价房的需求，成为人们关注的焦点。国家相关部门虽多次明令禁止该类房屋的建设、销售，但始终未能对之前所建小产权房的相关权属问题作出明确的规定。

房产分割问题一直是离婚纠纷中争议的焦点。夫妻关系存续期间购买的小产权房在离婚案件中如何处理更是成为审判实践中的一大难点。对于在离婚案件中小产权房能否予以分割，各地法院的理解和做法也各不相同。有的法院认为，在离婚案件中小产权房可以分割，因为在离婚纠纷中只涉及家庭成员内部，分割前后并不会产生市场流通的后果；有的法院认为小产权房虽不能分割所有权，但应当分割财产性权益，即小产权房的市场价值；还有的法院对小产权房不予处理，因为法院担心如果对涉案小产权房进行分割，以裁判文书的形式确认夫妻一方对于小产权房的所有权，会与物权法的规定相悖，而且导致大量类似案件涌入法院，助长当事人企图通过法院裁判文书的形式使小产权房得到合法确认，干扰国家对农村土地和房屋管理部门的管理。

《最高人民法院关于适用〈中华人民共和国婚姻法〉若干问题的解释（二）》规定，法院不宜判决房屋所有权的归属，但可以根据实际情况判决由当事人使用。案例中法院判决李某和其丈夫秦某各分得一个房子的使用权正是基于此规定。如果两人日后取得了两个房子的产权，可以再向法院起诉要求予以分割处理。

一般情况下，法官会通过调解结案，向当事人解释法律的规定，说服当事人对小产权房自行达成协议。有的法院虽然在判决书或调解书中将小产权房判给了一方，但由于小产权房不符合国家法律规定，没有进行产权登记，法院也无法强制执行过户。不过，一些地方的法院为了破解这个难题，保护当事人权益，会采用变通的方法，向村委会发出协助执行通知书，让协助义务人配合法院办理房屋权益人更名手续。

法律依据

《最高人民法院关于适用〈中华人民共和国婚姻法〉若干问题的解释（二）》

第二十一条　离婚时双方对尚未取得所有权或者尚未取得完全所有权的房屋有争议且协商不成的，人民法院不宜判决房屋所有权的归属，应当根据实际情况判决由当事人使用。

当事人就前款规定的房屋取得完全所有权后，有争议的，可以另行向人民法院提起诉讼。

31. 夫妻假离婚买房有什么法律风险?

案例

2007年9月，陈先生贷款购买了一套房屋，并登记为该房屋产权人。2009年1月1日，陈先生与洪女士登记结婚。2012年，当地出台了房屋限购政策，由于已拥有一套房产，陈先生在买第二套房时就得多花十几万的冤枉钱，用以支付税费和首付款。为此，两人约定先离婚，现有的房产归到洪女士名下，由名下无房的陈先生贷款购买第二套房，之后二人再复婚。然而，房子过户到洪女士名下后，她却拒绝承认双方是为了买房子而“假离婚”，提出双方是感情破裂而离婚，也不同意丈夫享有房子一半产权。无奈之下，陈先生到法院起诉，要求撤销与妻子“假离婚”时签署的财产分割协议。但由于陈先生无法提供证据证明双方是假离婚，因此他的诉求没有得到法院的支持。

律师解答

我国实行婚姻自由，根据《中华人民共和国婚姻法》的规定，只要婚姻双方当事人依法在民政部门办理了离婚登记手续，双方当事人的婚姻关系即宣告解除，所以法律上不存在“假离婚”的概念。不管是否出于真心登记离婚，产生的法律后果是相同的，即国家承认夫妻两人的婚姻关系终止。通过“假离婚”重新获得购房资格或者享受购房优惠，实际上是一种打政策擦边球的行为，表面看获得了利益，但实际上风险很大。

首先是丧失财产的风险。夫妻双方假离婚时签订的财产分割协议，除非当事人能举证证明存在胁迫或欺诈事由，法院一般都会认定为有效。由于“假离婚”的当事人在签署离婚协议时已经达成某种默契，在发生争议后想主张离婚协议无效或以欺诈、胁迫为由主张撤销离婚协议的，举证的难度极大，法院一般会以证据不足而驳回诉讼请求。而且，在离婚和复婚之间，夫妻共同财产和婚前财产的性质已经发生了转化。以本案为例，因为第一套房产已在民政局协议离婚时分割完毕，已经产生法律效力，房子属于洪女士一方个人财产，即便是双方复婚，第一套房的性质仍然是洪女士的个人财产，不会再变成夫妻共同财产。从法律上来说，陈先生自然无权要求分割。此外，有一些夫妻假离婚后一直拖着没有再复婚，一方在此期间死亡，由于双方已经离婚，便不再具备继承的资格，无法作为法定继承人继承对方的财产。

其次是“弄假成真”的风险。从夫妻双方身份关系上看，“假离婚”之后，双方的婚姻关系已经结束，任意一方均有权选择与其他人再次结婚。如果一方不愿意复婚，就可能出现“弄假成真”的情况，如果由于在“离婚”时约定把房产归属一方所有，另一方就会弄巧成拙“人财两空”，就会像案例中的陈先生一样，“赔了夫人又折兵”。尤其是一些人别有用心，担心对方不同意离婚，争不到小孩的抚养权，于是便以“假离婚”购房为由，然后假戏真做，以达到其真离婚的目的。

最后是可能承担刑事责任。有一些人采用伪造、变造离婚证或者网上购买假离婚等方式进行“假离婚”，这是一种严重违法的行为，涉嫌构成伪造、变造、买卖国家机关公文、证件、印章罪，最高可以判处十年有期徒刑。此外，如果假离婚是为了躲避房产税收，则涉嫌违反税收法律，会受到相应的行政处罚，如果其逃避的数额较大，还可能受到相应的刑事处罚。

《中华人民共和国婚姻法》

第三十一条　男女双方自愿离婚的，准予离婚。双方必须到婚姻登记机关申请离婚。婚姻登记机关查明双方确实是自愿并对子女和财产问题已有适当处理时，发给离婚证。

《最高人民法院关于适用〈中华人民共和国婚姻法〉若干问题的解释（二）》

第九条　男女双方协议离婚后一年内就财产分割问题反悔，请求变更或者撤销财产分割协议的，人民法院应当受理。

人民法院审理后，未发现订立财产分割协议时存在欺诈、胁迫等情形的，应当依法驳回当事人的诉讼请求。

Part 3

父母与子女

32. 离婚后双方能否轮流抚养孩子?

案例

张女士和王先生经朋友介绍认识，很快开始恋爱。2007年底，两人登记结婚，一年后生下了儿子。随着儿子一天天长大，两人对孩子的教育理念、教育方法出现了争执，经常发生口角，甚至当着孩子的面发生剧烈争吵。从2014年开始，两人分居，不久张女士起诉至法院，要求和丈夫离婚，同时要求争取儿子的抚养权。但是丈夫王先生辩称，妻子在教育孩子问题上简单粗暴，自己是研究生毕业，可以更好地教育孩子。法院经过征询孩子意见，并走访街道邻居后，认为孩子不满10周岁，心智尚不成熟，日常生活上尚需成年人照料，母亲具有照料孩子生活上的优势，但需要改进教育方式；父亲在学习上对孩子要求严格虽好，但应给予孩子更多的陪伴时间。最终，法院认定夫妻感情确已破裂，判决支持离婚诉求，针对孩子抚养权的问题，法院综合双方工作生活的情况，依据未成年人利益最大化的原则，判决在上学期间由妈妈抚养，而在寒暑假由爸爸抚养。这样，原被告双方可扬长避短，共同抚养孩子，让孩子健康成长。

律师解答

离婚案件中常常出现当事人争夺子女抚养权的现象，尤其是独生子女，这种现象更加突出。按传统的抚养方式，离婚后子女只能归一方直接抚养，这已明显不能满足一些当事人及子女的需要。因此一种新的抚养方式，协议轮流抚养子女开始为人们所接受。轮流抚养既有利于子女身心健康成长，使子女得到相对完整的父爱和母爱，最大限度地减少因父母离婚对子女的伤害；又可以保护离婚双方当事人的抚养子女权利，减少因争养子女引发的矛盾。

但轮流抚养也有缺点，一是这种方式要求以父母之间高度的合作和协调意愿为前提，但由于离婚后夫妻关系已经不复存在，合作比较困难；二是如果居住地点持续频繁变化，对孩子可能形成一种心理负担，使孩子缺乏安全感；三是如果夫妻双方长期对立或者父母再婚，子女会无所适从，往往混淆孩子的价值认定；四是个别父母以此为手段来逃避支付抚养费，变相减少了对子女的经济供养责任。

需要注意的是，一方直接抚养既可以由双方当事人约定，也可以由法院判决决定；而轮流抚养方式，目前仅允许双方约定。双方可以签署轮流抚养协议，内容主要包括：轮流抚养的期限、抚养费的分担、抚养到期后的交接、一方抚养时另一方的探视权等。抚养过程中，如果双方或一方认为需要变更轮流抚养协议的，可以自行协商，重新达成协议，变更原协议的某些内容，或达成子女由一方直接抚养的协议；也可向人民法院起诉，请求变更原协议。

法律依据

《中华人民共和国婚姻法》

第三十六条第三款　离婚后，哺乳期内的子女，以随哺乳的母亲抚养为原则。哺乳期后的子女，如双方因抚养问题发生争执不能达成协议时，由人民法院根据子女的权益和双方的具体情况判决。

《最高人民法院关于人民法院审理离婚案件处理子女抚养问题的若干具体意见》

6. 在有利于保护子女利益的前提下，父母双方协议轮流抚养子女的，可予准许。

33. 离婚之后父母对子女是否还有监护权?

案例

董某和妻子于某2009年生育一女，在女儿未满两周岁时，二人因家庭琐事发生矛盾，最终双方协议离婚，孩子由董某抚养。在之后的生活中，董某长期殴打、虐待女儿致其头部、脸部、四肢等多处严重创伤，后其又因抢劫罪被法院判刑。母亲于某离婚后从未看望过女儿，也未支付抚养费用。在董某服刑期间，于某及家人仍对女儿不闻不问，致其流离失所、生活无着落。2015年1月，当地民政局根据检察院的检察建议，作为申请人向法院申请撤销董某和于某的监护人资格。法院判决支持了民政局的请求，同时指定民政局作为董某女儿的监护人。

律师解答

父母离婚以后，子女一般只随同父母一方生活，由一方获得抚养权。很多人常常把离婚时对子女的抚养权和子女监护权混为一谈，事实上监护权不同于抚养权。抚养权本质上是离婚时子女应当与夫妻哪一方共同生活，解决的是离婚以后子女应当与父亲共同生活，还是与母亲共同生活的问题。监护权是法定的，是基于亲权产生的自然权利，与抚养权没有关系，不因父母离婚而丧失。

所以，父母离婚不影响监护权，与子女共同生活的一方不能取消对方对该子女的监护权。

夫妻离婚后，与子女共同生活的一方不尽抚养义务或有虐待子女行为，或其与子女共同生活对子女身心健康确有不利影响的，对方可以向法院起诉变更孩子的抚养权，通过法院判决自己抚养孩子。法院会结合男女双方的具体情况，确认是否具备变更抚养关系的法定事由，并从双方的品德性情、教育和健康状况、家庭及亲友环境、抚养能力和抚养条件等各方面作出综合判断。对于年满10周岁的子女，还会征求参考子女本人的意愿。如果孩子已年满18周岁，无须任何人的监护与抚养，此时也就不再存在抚养权变更的问题。

如果对子女有犯罪行为、虐待行为或者对该子女明显不利的，还可以进一步申请法院撤销其监护人的资格，剥夺对子女的监护权。2014年12月23日，最高法院、最高检察院、公安部和民政部四部门联合颁布了《关于依法处理监护人侵害未成年人权益行为若干问题的意见》，并于2015年1月1日实施。该意见明确规定，父母或者其他监护人出卖、遗弃、虐待、暴力伤害未成年人，有吸毒、赌博、酗酒等恶习，或胁迫、诱骗、利用未成年人乞讨等7种情形，都可被剥夺监护权。

《中华人民共和国婚姻法》

第三十六条　父母与子女间的关系，不因父母离婚而消除。离婚后，子女无论由父或母直接抚养，仍是父母双方的子女。

《最高人民法院关于贯彻执行〈中华人民共和国民法通则〉若干问题的意见（试行）》

21．夫妻离婚后，与子女共同生活的一方无权取消对方对该子女的监护权，但是，未与该子女共同生活的一方，对该子女有犯罪行为、虐待行为或者对该子女明显不利的，人民法院认为可以取消的除外。

34. 继父母对继子女有无抚养义务？继子女对继父母有无赡养义务？

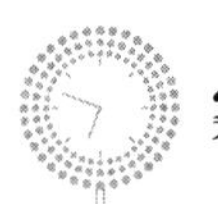

案例

1986年，宋先生与朱女士登记结婚，宋先生没有孩子，朱女士是再婚，带着一对儿女与宋先生共同生活，二人婚后也未再生育子女。1993年，朱女士带来的儿女相继离家外出打工，2012年2月，朱女士去世。这时，已经65岁的宋先生没有经济来源，生活困难，而两个继子女都不愿赡养自己。无奈，他将与自己没有血缘关系的这对儿女告上法庭，要求他们赡养自己。法院经审理认为，两被告随其母朱女士与原告宋先生长期共同生活，接受原告的抚养教育，与原告之间形成继父母子女关系，对原告宋先生负有赡养义务，最终酌情判决两被告每人每年分别向宋先生支付赡养费1500元。

律师解答

继父母与继子女之间的抚养关系是基于生父母的再婚而形成的，实际上是一种姻亲关系，继父母对继子女并不存在法定的抚养义务。因此，在继父（母）与生母（父）离婚时，如继父母不同意继续抚养的，可以不再承担抚养义务，不再负担继子女的抚养费，仍应由生父母抚养。这是因为父母对生子女的抚养、照顾和教育既是法定义务，也是道德义务，不能以任何理由推脱。

在继父（母）与生母（父）婚姻关系存续期间，继父母愿意抚养教育继子女，而且双方又长期在一起生活，那么继父母与继子女之间就形成了抚养关系，这时这种拟制血亲关系便不能自动解除，等同于生父母与婚生子女的权利义务，彼此具有抚养和赡养以及继承的权利和义务，继子女应当对继父母承担赡养义务。案例中，宋先生因为抚养了两个继子女，因此才形成了抚养关系，进而产生了继子女对其的赡养义务。此外，继父、继母与继子女之间已经形成抚养关系的，互有继承权，宋先生死后，他的两个继子女可以继承其遗产。

不过，我国婚姻法对在什么情况下继父母与继子女才算形成抚养关系没有作出明确规定。一般情况下，成年的继子女随生父与继母或随生母与继父共同生活2年左右的时间，法院就可能会认定存在抚养事实。如果继子女已成年，即便随生父与继母或随生母与继父一起生活，因其不可能成为受继父或继母抚养教育的继子女，也不能认为继父母与继子女之间形成了抚养关系。

《中华人民共和国婚姻法》

第二十一条　父母对子女有抚养教育的义务；子女对父母有赡养扶助的义务。

父母不履行抚养义务时，未成年的或不能独立生活的子女，有要求父母付给抚养费的权利。

子女不履行赡养义务时，无劳动能力的或生活困难的父母，有要求子女付给赡养费的权利。

第二十七条　继父或继母和受其抚养教育的继子女间的权利和义务，适用本法对父母子女关系的有关规定。

《最高人民法院关于人民法院审理离婚案件处理子女抚养问题的若干具体意见》

13. 生父与继母或生母与继父离婚时，对曾受其抚养教育的继子女，继父或继母不同意继续抚养的，仍应由生父母抚养。

35. 养女和亲子之间能否结婚?

案例

金某怀孕期间，丈夫丁某因意外事故去世，1990年生下儿子丁甲。1995年她又收养了年仅1岁的丁乙为养女，但没有办理收养手续。由于长期的共同生活，丁甲和丁乙之间产生了感情，2015年两人在村子里举行了结婚仪式，但随后向县民政局申领结婚证时却遭到了拒绝，因为户口簿显示两人为兄妹关系。不久之后，两人有了孩子，因是未婚生子，违反计划生育政策遭到了计生部门的罚款。为了得到名分，两人多次在民政部门奔波，只求解决结婚证问题，为孩子取得合法的户口，但迟迟没有结果。

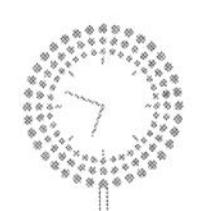

律师解答

案例中的丁甲和丁乙之间属于拟制血亲关系。拟制血亲是指本来没有血缘关系，或没有直接的血缘关系，但法律上确定其地位与血亲相同的亲属。因收养关系而产生的兄妹、姐弟关系，与上一节所讲的形成了扶养关系的继父母与继子女、继兄弟姐妹一样，都属于拟制血亲。

关于拟制血亲间的通婚问题，婚姻法没有予以明确的规定。从立法本意看，禁止近亲结婚主要是为防止因生理遗传的不健康因素而造成人口和民族发展的不良后果。一般来说，没有血缘关系的拟制血亲兄妹、姐弟不存在因血亲结婚而产生的障碍，是可以结婚的。不过必须先解除抚养关系，否则无法取得结婚证。案例中的丁乙和金某之间应当到民政部门之间办理解除收养关系的手续，只有这样才能摆脱丁甲和丁乙之间的兄妹身份。

然而现实生活中，有很多收养人没有办理过收养手续，解除收养也就无从谈起。这种情况应该如何处理呢？随着科技的发展，现在可以通过DNA技术确定两个人之间是否具有血缘关系。丁乙和金某可以申请司法鉴定，明确二人之间“不存在生物学母女关系”，然后二人到公安部门将户口本的隶属关系由母女改为非亲属，这样就可以解除丁甲和丁乙之间的兄妹关系，从而顺利取得结婚证。

《中华人民共和国婚姻法》

第七条　有下列情形之一的，禁止结婚：

（一）直系血亲和三代以内的旁系血亲；

（二）患有医学上认为不应当结婚的疾病。

第二十六条　国家保护合法的收养关系。养父母和养子女间的权利和义务，适用本法对父母子女关系的有关规定。

养子女和生父母间的权利和义务，因收养关系的成立而消除。

36. 未出生的胎儿是否享有继承权?

案例

王某因交通事故抢救无效死亡，他死亡时妻子左某正怀孕6个月，王某死后留下房屋1间、存款60万元。办完丧事之后，王某的父母开始分配其遗产，这时左某认为自己腹中的胎儿是王某的骨肉，也应当具有继承权，但是王某的父母认为孩子还没有出生，不应继承儿子遗产。双方争执不下，于是左某向法院起诉，要求保留胎儿的继承权。

律师解答

根据法律规定，在遗产分割时，应为未出生的胎儿保留继承份额，如果没有保留的，应从继承人已经继承的遗产中扣回。在胎儿出生后，保留份额分为三种情况进行处理：

第一，如果胎儿出生时是活体，这时保留的份额由该婴儿所有，一般由其母亲代为保管。这是因为胎儿虽然还不是法律意义上的“人”，不具备民事行为主体资格，然而却是生命孕育阶段，为其预留份额体现了法律的公平价值。

第二，如果胎儿出生后不久便死亡的，这时为胎儿保留的份额仍为该婴儿所有，由婴儿的法定继承人按照法定继承进行处理。

第三，如果胎儿出生时是死体，即出生时就已经死亡的，这时的胎儿不享有继承权，原先保留的遗产份额由王某的继承人进行分割。

在本案例中，对于王某留下的财产，如果属于夫妻共有的，应当由妻子左某先分得一半，剩下的一半再分成四份，左某、王某的父母作为第一顺位继承人各得一份，同时为胎儿保留一份，待胎儿出生后根据上述具体情况进行处理。

法律依据

《中华人民共和国继承法》

第二十八条　遗产分割时，应当保留胎儿的继承份额。胎儿出生时是死体的，保留的份额按照法定继承办理。

《最高人民法院关于贯彻执行〈中华人民共和国继承法〉若干问题的意见》

45. 应当为胎儿保留的遗产份额没有保留的应从继承人所继承的遗产中扣回。

为胎儿保留的遗产份额，如胎儿出生后死亡的，由其继承人继承；如胎儿出生时就是死体的，由被继承人的继承人继承。

《中华人民共和国民法总则》

第十六条　涉及遗产继承、接受赠与等胎儿利益保护的，胎儿视为具有民事权利能力。但是胎儿娩出时为死体的，其民事权利能力自始不存在。

37. 人工授精子女的抚养权如何确定?

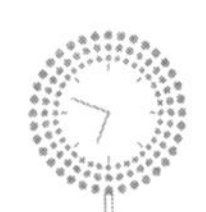

案例

齐某和丈夫何某于2005年结婚，婚后多年没有生育。经过医院检查，发现何某精子成活率低，没有生育能力，2010年两人到医院进行了人工授精手术。不久，齐某怀孕并于2011年初生下一个女儿。此后，夫妻二人经常为生活琐事发生争吵，感情日渐淡漠，以致长期分居，分居期间孩子一直随齐某生活。2015年底，齐某向法院提起离婚，但何某以孩子不是自己亲生的为由拒绝支付抚养费。

律师解答

人工授精，在法律上称为辅助生殖技术，是指已婚夫妻借用现代生物技术，通过非自然的性行为怀孕所生育的子女，根据授精方法的不同，可分为同质授精和异质授精两种。同质人工授精是使用丈夫的精液和妻子的卵子进行人工授精；异质人工授精是使用第三人的精液或者卵子进行人工授精。关于人工授精子女的法律地位，可以分为以下三种情况：

第一，同质人工授精的子女是亲生的子女。同质授精由于采用的是父亲的精子和母亲的卵子，只是用人工的方法使之结合生长，因此出生的子女与父母有血缘关系，属于直系血亲并为婚生子女，夫妻双方均应承担抚养义务，除非有证据证明医生误用了第三人的精子或者卵子。

第二，双方同意的异质人工授精子女视为双方的婚生子女。异质授精由于采用的是第三人的精子或者卵子，因此出生的子女与一方父母甚至是父母双方都没有血缘关系，但由于是夫妻双方一致同意，除了血缘上的差异，异质人工授精所生的子女与一般的夫妻双方所生的亲生子女是没有区别的。

第三，一方擅自采用异质人工授精手术生育子女，对方可以不承担所生子女的抚养义务。比如妻子未经丈夫同意，采用他人精子人工授精生育子女，所生子女与生育妇女的丈夫并没有法律上的父子关系。地位相当于非婚生子女，丈夫不承担抚养义务，其精源提供者也不承担抚养义务。

根据上述分析，案例中齐某和何某属于同质人工授精，女儿是亲生的，与何某之间具有血缘关系，何某应当承担抚养义务，不能因女儿是人工授精的便推脱抚养责任。

法律依据

《最高人民法院关于夫妻离婚后人工授精所生子女的法律地位如何确定的复函》

经研究，我们认为，在夫妻关系存续期间，双方一致同意进行人工授精，所生子女应视为夫妻双方的婚生子女，父母子女之间权利义务关系适用《婚姻法》的有关规定。

38. 怀疑孩子不是亲生的，应该怎么办？

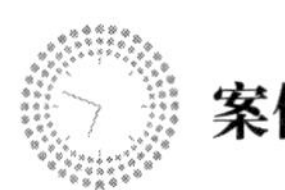

案例

李女士在2010年7月与张先生通过某相亲网站结识，当年9月两人登记结婚，并于次年3月生下儿子。张先生一度沉浸在喜悦之中，可是随着儿子慢慢长大，张先生发现孩子长得跟自己一点儿也不像，又想到孩子是早产出生的，越想越觉得可疑。于是他偷偷带着2岁的儿子去做了亲子鉴定，鉴定结论是儿子跟自己没有亲子血缘关系。张先生十分愤怒，向法院提出离婚，并要求李女士支付精神损害赔偿金5万元，李女士同意离婚，但是拒绝支付精神损害赔偿金。最终法院综合考虑被告的过错程度、经济能力、张先生抚养非亲生子女时间长短等因素，判决李女士赔偿张先生精神损害赔偿金3万元。

律师解答

养育多年的孩子怎么看都不像自己，到底是不是自己亲生的？科学的发展使这个一度让一些人想破了头的问题，有了很容易的解决办法——亲子鉴定，只要抽点血做个鉴定，一切便可水落石出。

近几年来，随着做亲子鉴定人数的激增，不少人也盯上了亲子鉴定市场这块“肥肉”，因此也涌现出了形形色色的鉴定机构，致使亲子鉴定市场乱象丛生。根据规定，亲子鉴定属于法医物证鉴定类别中的一项鉴定内容，鉴定机构要有司法鉴定许可证，而且从事鉴定的人员必须持有执业证书。因此，建议在鉴定之前，通过当地省级司法部门网站进行查询，或者在法院提供的鉴定机构名单中选择，否则非法鉴定机构出具的鉴定意见不会被法院认可。

离婚诉讼中，亲子鉴定以当事人自愿为原则。亲子鉴定不是确认亲子关系的唯一途径，法官可以根据当事人对亲子鉴定的态度进行推定。在离婚案件中一方拒绝进行亲子鉴定时，法院会尊重当事人的选择。一方当事人提出亲子鉴定申请，如果另一方拒绝，这种情况下，法院根据一方的主张和举证情况，以及另外一方对亲子鉴定的态度和反证情况进行推定，由拒绝进行鉴定的一方承担不利的后果。

对《最高人民法院关于适用〈中华人民共和国婚姻法〉若干问题的解释（三）》第二条中规定的当事人提供的“必要证据”，主要是指受孕期间的推算、分娩期与婚期不相符，血型化验结果子女血型与父母血型不符合等，以及通奸、姘居、试婚等行为。这些具有科学依据的化验结果或者客观事实，在另一方不能提供其他证据予以反驳且不同意亲子鉴定的，可以作为推定的必要证据。

在亲子鉴定确认为非婚生子后，法院一般会准予离婚，还会应男方的要求作出以下的判决：一是子女由女方抚养，并由女方承担子女的抚育费；二是女方向男方支付一定数额的精神赔偿金；三是女方返还男方之前所负担的子女抚养费。

法律依据

《最高人民法院关于适用〈中华人民共和国婚姻法〉若干问题的解释（三）》

第二条　夫妻一方向人民法院起诉请求确认亲子关系不存在，并已提供必要证据予以证明，另一方没有相反证据又拒绝做亲子鉴定的，人民法院可以推定请求确认亲子关系不存在一方的主张成立。

当事人一方起诉请求确认亲子关系，并提供必要证据予以证明，另一方没有相反证据又拒绝做亲子鉴定的，人民法院可以推定请求确认亲子关系一方的主张成立。

39. 父债子还，天经地义吗?

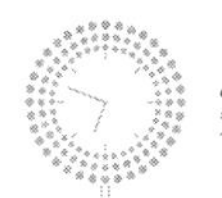

案例

年过五旬的老叶和吴某是多年的朋友。2010年11月，老叶向吴某借了50万元，之后仅偿还10万元，尚余40万元未还。2015年，老叶不幸去世，留下两个儿子——叶甲和叶乙，两人均已成家立业。于是吴某立刻找到叶家兄弟催讨其父所欠债务。面对吴某的催债，两兄弟认为这笔债不该由他们偿还，始终对吴某置之不理。吴某便一纸诉状将两兄弟告上法院，要求他们偿还老叶生前所欠债务。法院经审理认为，原告吴某与老叶之间的借贷关系明确，合法有效。但债务人老叶已死亡，而叶家两兄弟明确表示放弃对其父遗产的继承，吴某也未能举证证明两兄弟继承其父的遗产，所以两被告无须对其父生前借款承担清偿义务，遂驳回原告吴某的诉讼请求。

律师解答

我们国家传统上讲“父债子还”，即父亲所欠下的债务由子女去偿还。但在现代法治社会，这种说法并不十分准确。因为在法律上，父与子是两个独立的民事主体，父债是父亲作为民事主体与他人发生的债权债务关系，因此债务应当由其个人承担，除非子女继承了父亲的遗产，否则父债与子女无关，子女当然无须偿还。

具体分为以下两种情况：（1）从合同法的角度看，如果父亲健在，父亲欠下的钱属于他的个人债务，儿子没有还款的义务；（2）从继承法的角度看，继承遗产应当清偿被继承人依法应当缴纳的税款和债务，缴纳税款和清偿债务以他的遗产实际价值为限，继承人放弃继承的，对被继承人依法应当缴纳的税款和债务可以不负偿还责任。所以，如果父亲去世，若儿女作为继承人接受遗产，就应当在继承遗产的限额内承担偿还被继承人生前债务的责任。当然，继承人也可以自愿偿还这些债务，但是如此做的人较少。

案例中老叶和吴某之间的债务，随着老叶的离世归于消灭。由于老叶的两个儿子放弃了继承，两个人无需对父亲所欠债务承担偿还责任。当然，吴某也并非没有救济手段，在老叶的两个儿子放弃继承后，吴某可以向法院起诉，直接申请执行老叶的遗产用于偿还所欠自己的债务，不过前提是老叶尚有遗产可供执行。

法律依据

《最高人民法院关于贯彻执行〈中华人民共和国继承法〉若干问题的意见》

62．遗产已被分割而未清偿债务时，如有法定继承又有遗嘱继承和遗赠的，首先由法定继承人用其所得遗产清偿债务；不足清偿时，剩余的债务由遗嘱继承人和受遗赠人按比例用所得遗产偿还；如果只有遗嘱继承和遗赠的，由遗嘱继承人和受遗赠人按比例用所得遗产偿还。

《最高人民法院关于适用〈中华人民共和国民事诉讼法〉的解释》

第四百七十五条　作为被执行人的公民死亡，其遗产继承人没有放弃继承的，人民法院可以裁定变更被执行人，由该继承人在遗产的范围内偿还债务。继承人放弃继承的，人民法院可以直接执行被执行人的遗产。

40. 祖父母、外祖父母是否享有孩子的探望权?

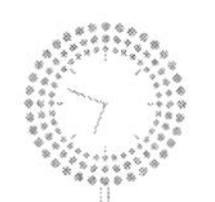

案例

范某和妻子程某于2006年12月份结婚，2010年两人的儿子出生，婚后本该幸福的小家庭却因妻子程某的病逝而画上句号，而老程夫妇也因独女的逝去痛苦不已。由于在程某生病期间，范某和老程夫妇因为种种原因产生了一些矛盾，妻子去世后，范某就以各种理由拒绝二老对外孙的探视。由于见外孙一面难如登天，老程夫妇坐不住了，2015年他们将范某告上法庭，请求法庭判令自己享有“探孙权”。最终法院支持了他们的诉讼请求，判决他们享有探望孙子的权利，可以每月探望孙子一次，被告范某在老人行使探望权时履行协助义务。

律师解答

当子女离婚或者不幸离世之后，祖父母、外祖父母对孙子女、外孙子女就会产生探望的需求，即隔代探望问题。由于女婿或儿媳往往要再婚，孩子也会跟随进入新的家庭，当老人探望时，女婿或儿媳会觉得干扰了他们的正常生活，经常以各种理由进行阻碍，甚至直接拒绝老人的探望。

我国法律仅规定离婚后不直接抚养子女的一方父母享有探望权，但在探望主体死亡或者丧失行为能力的情况下，没有规定祖父母、外祖父母对孙子女、外孙子女的探望权，这是因为探望权是基于父母的身份而产生的一种身份权利，具有专属性，祖父母、外祖父母不能替代。

但在中国传统伦理中，祖父母与孙子女具有基于特殊血缘情感而产生的特殊身份，不因父母双方的离婚或一方的去世而消灭。孙辈承载的甚至是整个家族的未来和希望，通常情况下，祖父母也在一定程度上照顾了孙子女。因此，这种隔代探望的情感需求关乎人伦，祖父母的探望权同样应当受到保护。隔代探望不仅能促进与孙子女的情感交流，减轻生活的孤独感和家庭破碎感，而且对未成年人人格健全、身心发育成长有着积极的意义，有助于弘扬尊老爱幼的传统公德。

根据审判案例，《中华人民共和国婚姻法》第38条虽然没有明确规定祖父母、外祖父母对孙子女是否也享有探望的权利，但也没有明确排斥或禁止。所以，法院一般会支持隔代探望的请求，其法律依据一般是两个：（1）《中华人民共和国民法总则》第3条的“民事主体的人身权利、财产权利以及其他合法权益受法律保护”以及第8条的“民事主体从事民事活动，不得违反法律，不得违背公序良俗”的规定；（2）《中华人民共和国老年人权益保障法》第18条中“家庭成员应当关心老年人的精神需求，不得忽视、冷落老年人”的规定。媒体甚至还报道过法院支持跨国隔代探望的案例，不同地方对隔代探望权纠纷的判决不尽相同，但都会以有利于孩子身心健康成长为原则，在探望时间上有的判决一个月探望一次，有的是利用寒暑假探望。

《中华人民共和国婚姻法》

第三十八条　离婚后，不直接抚养子女的父或母，有探望子女的权利，另一方有协助的义务。

行使探望权利的方式、时间由当事人协议；协议不成时，由人民法院判决。

父或母探望子女，不利于子女身心健康的，由人民法院依法中止探望的权利；中止的事由消失后，应当恢复探望的权利。

41. 成年子女上大学期间能否要求父母支付抚养费?

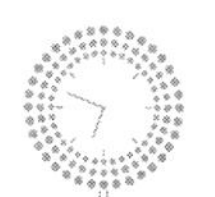

案例

刘先生与栗女士婚后生育一女刘某。2010年，栗女士去世，刘某由外婆照顾，刘先生定期支付抚养费。2015年，刘某年满18岁，并于当年顺利进入一所大学深造，而刘先生也已到了退休年龄。刘先生认为，女儿已经成年，而自己年老多病，每月3000多元的退休金只能维持自己的基本生活，因此不再为刘某提供经济资助。刘某遂以因求学而不能独立生活为由诉至法院，要求父亲刘先生支付抚养费至完成学业。法院经审理，认为父母负有抚养未成年子女的法定义务，但刘某已年满18周岁，作为在校本科生，身体、智力状况正常，完全具备劳动能力，可以通过勤工俭学完成学业，刘先生已没有抚养刘某的义务，因此判决驳回刘某的诉讼请求。

律师解答

现在虽然大学教育已经普及，但高等教育的费用却不断上涨。对于大多数在校大学生而言，面对越来越贵的学费、日渐高涨的消费支出，以及严峻的就业形势，要求他们找到一份既能维持基本生活，又能应付高昂学费和生活费用的兼职工作，难度的确很大。因此，生活中上大学的子女起诉离异父母要求增加抚养费标准的案件也越来越多。

不过，严格从法律上讲，成年子女是不能要求父母支付抚养费的，这是因为一般情况下大学生已年满18周岁，身体、智力状况正常，完全具备劳动能力，不符合法律规定“不能独立生活的子女”的标准，父母已无法再义务为其提供抚养费。具体来讲，原因如下：

一是《最高人民法院关于人民法院审理离婚案件处理子女抚养问题的若干具体意见》第12条虽然把尚在校就读的成年子女纳入父母应给付抚养费范围，但《最高人民法院关于适用〈中华人民共和国婚姻法〉若干问题的解释（一）》第20条明确规定，“不能独立生活的子女”是指尚在校接受高中及其以下学历教育。两个司法解释的规定不一致，但后者颁布实施在后，按照“新法优于旧法”的原则，应以婚姻法解释（一）的规定为准。

二是在现实生活中，虽然让已成年大学生在大学学习期间，以自己的劳动来支付自己的教育、生活费有很大困难，但将父母对子女的抚养义务依法限制在一定时间范围之内是合理的，也是社会发展的需要。已经成年的大学生，并不存在丧失劳动能力等非因主观原因而无法维持正常生活的情况，可以通过勤工俭学，凭自己的劳动收入完成大学教育。

大学是高等教育，不是法律规定的义务教育，虽然现实生活中，学生读大学几乎都是父母给钱，但实际上，只要年满18周岁且具有完全民事行为能力，已经在法律保护范围外，接受国家高等教育需要给付的教育费等费用不属于父母应承担的法定义务。不过，这也并非绝对，在司法实践中，如果求学期间确无独立生活能力和条件，而父母又具备给付能力，一些大学生起诉离异父母讨要或增加抚养费的请求还是会得到法官支持的。

法律依据

《最高人民法院关于适用〈中华人民共和国婚姻法〉若干问题的解释（一）》

第二十条　婚姻法第二十一条规定的“不能独立生活的子女”，是指尚在校接受高中及其以下学历教育，或者丧失或未完全丧失劳动能力等非因主观原因而无法维持正常生活的成年子女。

《最高人民法院关于人民法院审理离婚案件处理子女抚养问题的若干具体意见》

11. 抚育费的给付期限，一般至子女十八周岁为止。

十六周岁以上不满十八周岁，以其劳动收入为主要生活来源，并能维持当地一般生活水平的，父母可停止给付抚育费。

12. 尚未独立生活的成年子女有下列情形之一，父母又有给付能力的，仍应负担必要的抚育费：

（2）尚在校就读的。

42. 夫妻离婚后，可以随意变更子女姓氏吗？

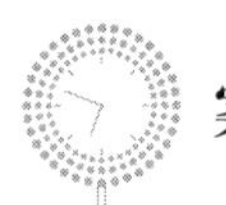

案例

齐某与夏某于2005年1月份结婚，由于感情不和双方于2010年6月登记离婚，离婚后孩子由母亲夏某抚养，齐某每月支付200元抚养费。2012年5月，夏某改嫁季某，组建了新的家庭。随后不久，夏某便将孩子的姓氏改为季。齐某得知这个消息后，多次找到夏某进行交涉，要求保留孩子的齐姓，但是夏某对此置之不理。齐某一怒之下不再向夏某支付抚养费，并且起诉到法院，要求孩子改回自己的齐姓。最终，法院支持了他的诉求，责令夏某将孩子的姓氏由季改为齐，但齐某仍应继续支付抚养费。

《中华人民共和国民法总则》第100条规定，公民享有姓名权，因此有权决定、使用和依照规定改变自己的姓名。姓名权中的一个重要内容就是自己可以决定叫啥名字，但未成年子女属于限制民事行为能力人或者无民事行为能力人，由父母决定他们的姓氏，这是父母基于亲权决定的，具有专属性。父母在孩子随谁姓问题上享有平等的权利，应由父母共同决定，传统上一般随父姓。姓氏毕竟体现着血缘传承、伦理秩序和文化传统，子女姓氏一旦确定，父母任何一方都不得单方改变，如需改变，应首先征得另一方同意。

根据相关规定，变更姓氏的情况一般包括：（1）因血亲关系在父姓和母姓之间变更的；（2）因收养关系变更姓氏的；（3）因父母离婚或者再婚未成年子女变更姓氏的；（4）公安机关认定确需变更姓氏的其他特殊情形。有这些情形的，可以由公民本人或者监护人向公安机关的户籍管理部门申请变更姓氏。

但现实生活中，夫妻离婚之后，孩子往往随一方生活，由于离婚时的种种不合，女方往往对对方怀恨在心，将孩子的姓氏变为自己的姓氏。还有一些女方再婚后，出于对新家庭的考虑，会擅自让孩子随继父的姓氏。离婚后一方如果擅自变更孩子的姓，就侵害了对方享有的子女随其姓的权利。案例中，夏某更改孩子的姓氏没有取得孩子生父齐某的同意，侵害了齐某作为父亲的权利。在这种情况下，可以向法院起诉，法院会责令恢复原姓氏。如果一方向公安机关隐瞒离婚事实而取得子女姓名变更的，另一方可以向公安机关申请，要求恢复其子女原姓。

当然，如果公民年满18岁之后，就可以自行决定自己的姓名。但是，改姓名不是一件随便的事情，为了维护社会秩序的有序性，公安机关作为户口管理机关根据职能对公民变更姓名是进行控制的。除了父姓或者母姓外，还可以选取其他直系长辈血亲的姓氏、扶养人姓氏等，但不得违反公序良俗。公民申请变更姓名的，应当提供变更理由和相关证明材料，经户口所在地公安派出所调查核实，县级公安机关审批后，才会给予更改。年满18周岁的人，要变更现用姓名时，没有充分理由，公安机关不会轻易给予更改。

法律依据

《最高人民法院关于人民法院审理离婚案件处理子女抚养问题的若干具体意见》

19. 父母不得因子女变更姓氏而拒付子女抚育费。父或母一方擅自将子女姓氏改为继母或继父姓氏而引起纠纷的，应责令恢复原姓氏。

《全国人民代表大会常务委员会关于〈中华人民共和国民法通则〉第九十九条第一款、〈中华人民共和国婚姻法〉第二十二条的解释》

公民原则上应当随父姓或者母姓。有下列情形之一的，可以在父姓和母姓之外选取姓氏：

（一）选取其他直系长辈血亲的姓氏；

（二）因由法定扶养人以外的人扶养而选取扶养人姓氏；

（三）有不违反公序良俗的其他正当理由。

Part 4

资产与理财

43. 谈恋爱时赠送的礼物能要回吗?

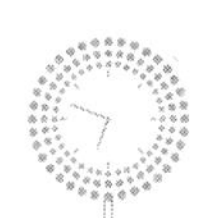

案例

2015年3月，男子王某在参加某公园举行的相亲会中认识了女孩张某，两人互留了联系方式。之后双方通过微信聊天，感觉很谈得来，几天的时间就确定了恋爱关系。一个月后，两人同居了，王某也很贴心，时常买些礼物讨张某欢心。春节期间，因为琐事，两个人的关系开始处于冷战状态，最终于2016年3月份两人正式分手。4月初的一天，王某突然手拿一张清单找到张某，索要曾经送给张某的物品，清单上面详细记录了某年某月某日给张某买的礼物，包括衣服、饰品、香水，两人吃饭花费、旅游支出等。张某认为王某是无理取闹，对他置之不理。没想到王某竟然起诉到了法院，声称是在感情受到欺骗的情况下才帮张某买的手机、衣服等。

律师解答

现实生活中，恋人之间为了培养和增进彼此的感情，在相互往来时经常会互相赠送礼物。赠送的物品是感情甜蜜的象征，体现了彼此之间的关怀体贴。虽然相爱总是甜蜜，可一旦两人恋爱关系破裂，往往异乎寻常的绝情，一些人会索要赠送给对方的礼物，一则是出于泄愤的目的，二则是有些礼物的确贵重，费用不菲。

至于赠送后的礼物是否需要返回，取决于双方在恋爱期间所给付的礼物的性质是属于赠与还是属于彩礼？一般而言，按照《中华人民共和国合同法》的规定，日常生活的开支以及小额的、不以结婚为目的的馈赠属于赠与性质，赠与物的所有权自交付时起转移，受赠方成为赠与物的所有权人，一般不予返还。对于贵重的珠宝首饰、购房、购车等大额的支出，是以双方结婚为目的，因恋爱失败分手而不能结婚的，应当返回赠与一方。

在非婚赠与纠纷案件中，提起诉讼的一方多数都为男性，有的认为自己被骗钱骗感情，控诉女方构成不当得利，应该返还财物。这类纠纷关键事实往往难于举证，比如很难证明双方是否存在恋爱关系、一方是否给付财物以及给付财物是否以结婚为目的，即使提供了消费的支出发票，也很难证明女方接受了这些消费。所以，这些案件中，男方得到法院支持的可能性极小，往往是在法院的调解下撤诉。

在恋爱时，每个人对于感情都会有美好的设想才会心甘情愿付出，爱到深处，礼物的馈赠往往成为感情的附属物。所以，提醒恋爱中的男女，赠与方在支出大笔财物时一定要慎重，对婚姻的期望要保持理性，明白自己行为的后果，最好能留下赠送凭证，以备不时之需。

《中华人民共和国合同法》

第一百八十六条　赠与人在赠与财产的权利转移之前可以撤销赠与。

具有救灾、扶贫等社会公益、道德义务性质的赠与合同或者经过公证的赠与合同，不适用前款规定。

第一百九十二条　受赠人有下列情形之一的，赠与人可以撤销赠与：

（一）严重侵害赠与人或者赠与人的近亲属；

（二）对赠与人有扶养义务而不履行；

（三）不履行赠与合同约定的义务。

44. 送出去的彩礼能收回来吗?

案例

男子张某与岳某于2009年11月经媒人介绍相识，并确立了恋爱关系。2010年3月21日，两人订婚。订婚当日，张某家人经媒人之手付给女方岳某家婚约彩礼3万元。订婚后，张某与岳某开始共同生活。双方未办理结婚登记，也没有生育子女。2013年3月2日，岳某因生活琐事负气离开张某家出走，外出打工一直未回张家。为此，2015年10月，张某将岳某告上法院，请求其退还3万元彩礼。法院审理认为岳某应返还婚约彩礼，但鉴于已与张某共同生活近3年，故应酌情予以返还，最终判决返回5000元。

律师解答

男女双方在初步确定婚姻意向后，男方向女方赠送聘金、聘礼，即通常所称的“彩礼”，已成为一种普遍的习俗，特别是农村地区具有一定的普遍性。按照传统习惯，彩礼一旦送出，双方不得反悔。如果女方反悔，彩礼必须无条件退还；如果男方反悔，则女方可以拒绝退还。

从表面上看，彩礼是男方赠送给女方的。一般而言，所谓赠送是自愿的，所以在法律上是不能要求返还的。但彩礼与一般的赠与行为不同，这种赠与是以男女双方结婚为目的，所以它不同于一般的无偿赠与，是一种附条件的赠与。基于此，我国法律规定了三种可以要求返还彩礼的情况：（1）双方尚未办理结婚登记手续，即实际上并未结婚；（2）双方虽然结婚，但并未共同生活；（3）这种情况比较复杂，即结婚前给对方彩礼，导致给付方生活困难的。根据《最高人民法院关于适用〈中华人民共和国婚姻法〉若干问题的解释（一）》的规定，“一方生活困难”是指依靠个人财产和离婚时分得的财产无法维持当地基本生活水平。

法律虽然规定了返还与不返还的基本原则，但究竟如何掌握返还的尺度，法院会根据当地风俗及当事人特殊情况酌情认定，比如哪方提出解除婚约、双方结婚时间长短、有无生育子女、财产使用情况、双方经济状况等。一般情况下，如果是接受彩礼的一方即女方提出解除婚约，相对于男方提出而言，返还的彩礼金额要多一些。

彩礼的给付与收受不限于男女双方，往往涉及双方父母，甚至中间人（主要是媒人），而一旦产生纠纷，当事人会声称自己不是收受人或对方非给付人。所以，为了便于解决纠纷，如果在给付彩礼后双方未能结婚，由实际支付彩礼的人比如男方父母作为原告，实际接受的人作为被告比较合适。所以，建议女方父母不要接受彩礼，最好由女方以自己名义办理存折自行处理，这样既可证明彩礼的去向，也可避免父母成为彩礼返还的连带责任人。另外，男方赠送彩礼不可能要求对方出具收条等手续，一旦发生纠纷往往拿不出送彩礼的证据，所以赠送彩礼可通过介绍人、中间人进行，让他们作为见证人，也可以通过转账的方式支付，尽量不用现金，这样就会有对方的收款记录，避免日后发生争议。

法律依据

《最高人民法院关于适用〈中华人民共和国婚姻法〉若干问题的解释（二）》

第十条　当事人请求返还按照习俗给付的彩礼的，如果查明属于以下情形，人民法院应当予以支持：

（一）双方未办理结婚登记手续的；

（二）双方办理结婚登记手续但确未共同生活的；

（三）婚前给付并导致给付人生活困难的。

适用前款第（二）、（三）项的规定，应当以双方离婚为条件。

45. 房子70年产权到期后该怎么办？

案例

2016年3月份，市民王先生买了一套二手房，房子过户成功后，他拿到了房产证。随后买卖双方去过户土地证时却发现，房子的土地使用证只有20年，而且已经在3月4日过期了。王先生来到当地行政审批窗口，工作人员告诉他，要拿到新的土地证，必须补缴费用延长土地使用期限，初步估算，这笔续期费大约要30万元，而这套房子，总价才65.8万元。由于房子已经过户，没有办法退回，而且如果土地证办不下来，房款还处在银行监管的状态，会一直冻结，买卖双方都拿不到。

律师解答

房屋产权包括房屋所有权和土地使用权，不能混淆这两种权利。房屋所有权属于个人产权，根据《中华人民共和国物权法》第64条的规定，私人对其合法的收入、房屋、生活用品、生产工具、原材料等不动产和动产享有所有权，其年限是永久的。通俗来讲就是，只要房子不塌，这房子就一直是产权人的。但我们是社会主义国家，土地属于国家所有，房屋产权人只享有土地的使用权。根据土地管理法的规定，土地使用权在出让时根据开发类型分为不同的使用年限：居住用地70年，工业用地50年，教育、科技、文化、卫生、体育用地50年，商业、旅游、娱乐用地40年，综合或者其他用地50年。

70年使用年限的计算是从开发商从政府手中签下土地使用合同的时候开始算起，而不是很多人以为的是从自己和开发商签购房协议，或者从自己拿到房本的日期开始。由于开发商拿到土地后不会立即开工建设，最快也需要两三年的时间，所以一般剩余的土地使用年限只有60多年。

住宅建设用地使用权期限到期后，如何处理？是否需要再次缴纳出让金？《中华人民共和国物权法》第149条明确规定：住宅建设用地使用权期间届满的，自动续期。但具体怎么操作，目前国家并没有出台补充性文件或者明确的实施细则。媒体曾给出了两个解决方法：一是延长土地使用权期限，可以由房屋业主联名提出，补交土地出让金，这个价格应该低于同类的土地出让金的价格，类似于成本价和市场价的差额；二是根据规划需要，国家收回土地和地上建筑物的，对业主进行相应补偿，用类似拆迁安置的办法解决。

青岛、深圳、温州等地都发生过土地使用权到期后如何续期的问题。深圳、青岛依据当地的“公告基准地价”对续期进行了收费，一般只有几百块钱，最多不过几千块钱，而温州是希望依据“市场评估地价”进行续期收费，所需费用比青岛、深圳要高。针对这一问题，2016年12月23日，国土资源部在召开《自然资源统一确权登记办法（试行）》新闻发布会时就表示，可以采用“两不一正常”的过渡性办法处理，即不需要提出续期申请，不收取费用，正常办理交易和登记手续。2017年3月15日，李克强总理在十二届全国人大五次会议后答记者时表示，国务院已经要求有关部门作了回应，就是可以续期，不需申请，没有前置条件，也不影响交易。而且，国务院已经责成相关部门就不动产保护相关法律抓紧研究提出议案。可以说，总理的回应给老百姓吃下了定心丸，而法律层面的顶层设计也会展开，跟《物权法》《土地管理法》等法规对接的房屋产权续期制度未来将问世。

法律依据

《中华人民共和国物权法》

第一百四十九条　住宅建设用地使用权期间届满的，自动续期。

非住宅建设用地使用权期间届满后的续期，依照法律规定办理。该土地上的房屋及其他不动产的归属，有约定的，按照约定；没有约定或者约定不明确的，依照法律、行政法规的规定办理。

《中华人民共和国城市房地产管理法》

第二十二条　土地使用权出让合同约定的使用年限届满，土地使用者需要继续使用土地的，应当至迟于届满前一年申请续期，除根据社会公共利益需要收回该幅土地的，应当予以批准。经批准准予续期的，应当重新签订土地使用权出让合同，依照规定支付土地使用权出让金。

土地使用权出让合同约定的使用年限届满，土地使用者未申请续期或者虽申请续期但依照前款规定未获批准的，土地使用权由国家无偿收回。

46. 亲人去世后，如何取出他在银行的存款?

案例

孟某的父亲于2010年去世。老人去世前一年，在银行办理了10万元五年期定期存款。由于老人身体一直很硬朗，孟某的母亲虽然知道这件事，但没细问。谁知存款后不久，孟某的父亲因脑中风住院，身体状况急转直下。之后全家忙着照顾老人，没顾上理会这笔钱。直到老人去世大家才发现，没人知道这10万元的取款密码。存款到期后，孟某拿着母亲的身份证、户口本和死亡证明到银行取款，却被工作人员告知需要母亲办理继承人公证。

律师解答

如今人们的隐私意识越来越强，有的丈夫或妻子私设小金库，也有老人背着子女存养老钱，当亲人突发意外离世却未留下遗嘱及储蓄卡密码的情况下，银行为保护存款人的隐私，一般不接受客户向银行申请查询存款情况。因此，如何取出这些存款就变成了棘手的问题。具体可以按照以下步骤办理：

首先，开具死亡证明。正常死亡的，如果是在医院去世，由医院开具，如果是在家中去世，由街道办事处或派出所出具死亡证明。非正常死亡的，如车祸、工伤、自杀等，由公安部门出具。

其次，确定其财产的合法继承人。（1）如果继承人对遗产分割达成一致意见，已经知道存款数额的，可以到公证处办理继承权公证。比如法定继承，应由第一顺序继承人向公证处提出申请继承权公证，并提供直系亲属关系证明，包括去世人的父母、配偶、子女情况，涉及的财产凭证，如存单、有价证券等，死者的死亡证明等，所有继承人要持本人身份证、户口本到公证处申请办理。公证费用采用分段递减累计收取，受益额20万元以下的部分，按1.2%收取；超过20万元不满50万元的部分，按1%收取；超过50万元不满500万元的部分，按0.8%收取；超过500万元不满1000万元的部分，按0.5%收取；超过1000万元的部分，按0.1%收取。只要材料符合，一般几个工作日就可以把继承权公证书办下来。如果不知道存款数额，子女首先要办理亲属关系公证，查询账户信息，由银行出具查询结果，再到银行所在地的公证处办理继承权公证。（2）如果继承人对遗产分割没有达成一致意见，就无法办理继承公证，需要打官司通过诉讼解决，由法院判定每个继承人应当继承的份额。

最后，财产继承人可持本人身份证、死者储蓄卡、公安机关开具的《死亡证明》以及已公证的《继承权证明书》到银行办理过户或取款手续。如果是诉讼的，判决生效后，继承人可持本人身份证、法院生效裁判文书到银行办理存款支取。

可以看到，整个过程不仅程序复杂，而且成本很高。所以，建议在日常生活中千万不要乱放存单、存折等银行凭证，另外，最好将银行卡密码告诉配偶和信得过的子女。亲人过世后，家属先不要急着注销户籍和身份证，以备到银行办理相关手续之用。

《中国人民银行关于执行〈储蓄管理条例〉的若干规定》

第四十条　储蓄存款的所有权发生争议，涉及办理过户或支付手续，应慎重处理。

（一）存款人死亡后，合法继承人为证明自己的身份和有权提取该项存款，应向储蓄机构所在地的公证处（未设公证处的地方向县、市人民法院——下同）申请办理继承权证明书，储蓄机构凭此办理过户或支付手续。该项存款的继承权发生争执时，由人民法院判处。储蓄机构凭人民法院的判决书、裁定书或调解书办理过户或支付手续。

《办理继承公证的指导意见》

第三条　当事人申请办理继承公证，应当提交下列材料：

（一）当事人的身份证件；

（二）被继承人的死亡证明；

（三）全部法定继承人的基本情况及与被继承人的亲属关系证明；

（四）其他继承人已经死亡的，应当提交其死亡证明和其全部法定继承人的亲属关系证明；

（五）继承记名财产的，应当提交财产权属（权利）凭证原件；

（六）被继承人生前有遗嘱或者遗赠扶养协议的，应当提交其全部遗嘱或者遗赠扶养协议原件；

（七）被继承人生前与配偶有夫妻财产约定的，应当提交书面约定协议；

（八）继承人中有放弃继承的，应当提交其作出放弃继承表示的声明书；

（九）委托他人代理申办公证的，应当提交经公证的委托书；

（十）监护人代理申办公证的，应当提交监护资格证明。

47. 借款人跑了，如何讨债?

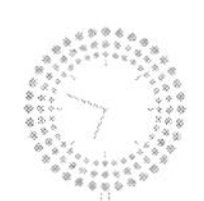

案例

陈某是一家塑料制品公司的法定代表人，2013年陈某因购买拆迁安置房需要资金，先后三次向周某累计借款100万元，周某均通过银行转账方式支付。陈某向周某出具借条一张，承诺等房产证拿到时归还，陈某的母亲、妻子及公司均在借款人一栏签名盖章。2014年9月，周某得知陈某一家所分的两套安置房均已过户给他人，但至今陈某也没有还钱给他，且全家下落不明。于是，周某向法院请求判令解除与被告的借款合同，返还借款本金并赔偿损失。由于被告陈某下落不明，法院遂采用公告方式向其送达了应诉通知书、举证通知书、开庭传票等诉讼材料。法院认为，虽然双方约定“待房产证拿到时归还”，但被告目前已经离开住所地且下落不明，系以自己的行为表明不再履行还款义务，构成预期违约，支持原告提出的解除未到期合同的请求，并判决返还原告100万元借款本金及银行同期贷款利息。

律师解答

民间借贷中债务人无法偿还借款，往往会消极应对债权人的追讨，“跑路”就是经常采用的手段。债权人的借款可能随着债务人的失踪，付之东流。债权人在遇到债务人“跑路”时，可以考虑采用下面的方式尽力挽回损失，维护自己的合法权益。

第一，债权人在3年的诉讼时效期限内，尽快向债务人原居住地或者财产所在地的人民法院提起诉讼，追讨债款。

《中华人民共和国民法总则》规定债权的诉讼时效为3年，从约定还款期限届满日或者债权人主张权利之日起计算。超过3年的，如果债务人以此作为抗辩理由且债权人无诉讼时效中断、中止情形的证据，法院会驳回债权人的诉讼请求，债权人也就丧失了胜诉的可能，所以应当及时到法院起诉。

由于债务人下落不明，法院在立案后一般采用公告送达的形式传唤债务人应诉。公告期届满，债务人不应诉时，法院可以对借贷人关系明确的案件经审理后作缺席判决。缺席判决后，尽管债务人下落不明，但经债权人申请，法院可以采取拍卖债务人房屋或财产的办法为债权人清偿债务。

在起诉时，应当看看有没有连带责任人，比如属于夫妻共同债务的，没有跑路的夫妻一方也应当承担偿付责任，再比如要求保证人承担保证责任，在债务人下落不明的情况下，即使当初的保证合同约定的是一般保证，债权人仍可以直接要求保证人承担还款责任。

第二，债权人向法院申请宣告债务人为失踪人，然后由代管人从失踪人的财产中支付借款。根据《中华人民共和国民法总则》的规定，公民下落不明满两年的，债权人可以作为利害关系人向法院申请宣告他为失踪人。如果失踪债务人的配偶、父母、成年人或者关系密切的其他亲属、朋友代管有他的财产的话，债权人可以请求从代管财产中予以支付所欠债务。

《中华人民共和国民法总则》

第四十条　自然人下落不明满二年的，利害关系人可以向人民法院申请宣告该自然人为失踪人。

第四十三条　财产代管人应当妥善管理失踪人的财产，维护其财产权益。

失踪人所欠税款、债务和应付的其他费用，由财产代管人从失踪人的财产中支付。

财产代管人因故意或者重大过失造成失踪人财产损失的，应当承担赔偿责任。

第一百八十八条　向人民法院请求保护民事权利的诉讼时效期间为三年。法律另有规定的，依照其规定。

诉讼时效期间自权利人知道或者应当知道权利受到损害以及义务人之日起计算。法律另有规定的，依照其规定。但是自权利受到损害之日起超过二十年的，人民法院不予保护；有特殊情况的，人民法院可以根据权利人的申请决定延长。

第一百九十五条　有下列情形之一的，诉讼时效中断，从中断、有关程序终结时起，诉讼时效期间重新计算：

（一）权利人向义务人提出履行请求；

（二）义务人同意履行义务；

（三）权利人提起诉讼或者申请仲裁；

（四）与提起诉讼或者申请仲裁具有同等效力的其他情形。

《最高人民法院关于审理民事案件适用诉讼时效制度若干问题的规定》

第十条　具有下列情形之一的，应当认定为民法通则第一百四十条规定的“当事人一方提出要求”，产生诉讼时效中断的效力：

（四）当事人一方下落不明，对方当事人在国家级或者下落不明的当事人一方住所地的省级有影响的媒体上刊登具有主张权利内容的公告的，但法律和司法解释另有特别规定的，适用其规定。

48. 网上转账不小心转错人了，怎么办？

2015年3月，某公司出纳小张依照总经理李某的指示，向供货商进行货款转账5万元，谁知几天后供货商反映并未收到货款，李某忙和出纳一起到银行查账，这才发现出纳不小心将货款转到了赵某个人的银行卡内。李某联系赵某后，赵某却说银行卡早就丢了，至于卡内是否有钱他也不知道，李某请他去银行补办银行卡，赵某却称其在外地，无法补办。多次联系之后，赵某一直拒不还款。于是，公司将赵某诉至法院，要求返还不当得利5万元，并向法院申请冻结赵某的银行账户。最终，法院支持了公司的诉讼请求，判令赵某返还原告公司5万元货款。

律师解答

随着新的支付手段的发展，通过ATM机、微信、网络银行、支付宝、手机银行等方式，都可以直接操作进行转账支付。虽然这些新型支付方式带来了便利，但同时也容易出现错误和风险。一旦汇错账号，钱款落入他人口袋，那么该如何挽回呢？在法律上，这类情况属于不当得利。

不当得利是指一方没有合法根据获得利益而致使他方利益受到损失，如售货时多收货款，拾得遗失物据为己有等。不当得利的取得，不是由于受益人针对受害人而为的违法行为，而是由于受害人或第三人的疏忽、误解或过错所造成的，受益人与受害人之间因此形成债权债务的关系。返还不当得利，除返还原来所取得的利益外，由此利益所产生的孳息也应一并返还。就是说，作为利益受害方，有请求返还不当得利的权利，而作为获得利益方，有返还其不当得利的义务。

在利用支付宝、网银转账或去银行转账汇款时务必要仔细核对各类凭单，看清账号和姓名再进行操作，避免不必要的麻烦。如果不慎出现汇错款项等情况时，如果是熟人，因为知道对方的身份信息，可以及时联系沟通要回；如果是陌生人，因为银行或网络交易平台不对客户提交信息的真实准确性负责，基于对储户隐私的保护，也不会透露收款账号户主的信息。这时可以申请公安部门协调，由于不涉及犯罪，公安机关对公民因个人失误转账出错一般不予立案侦查。但公安机关可以出具证明，以便于查询银行信息和依当事人申请进行调解。在与对方沟通时，应当说明情况，礼貌沟通，表达歉意，争取对方的谅解。这个过程中，可以对联系沟通情况进行录音，保留必要的证据。在确实协商未果的情况下，要尽快向法院提起诉讼，并在诉讼期内及时提出财产保全申请，以保证款项不被转移，从而减少不必要的损失。

碰到这种“天上掉馅饼”的事情，作为不当得利的一方应该基于诚实守信原则，将不当得利返还给当事人，否则飞来横财不返是要担法律责任的。

法律依据

《中华人民共和国民法总则》

第一百二十二条　因他人没有法律根据，取得不当利益，受损失的人有权请求其返还不当利益。

《最高人民法院关于贯彻执行〈中华人民共和国民法通则〉若干问题的意见（试行）》

131. 返还的不当利益，应当包括原物和原物所生的孳息。利用不当得利所取得的其他利益，扣除劳务管理费用后，应当予以收缴。

49. QQ号、微信号可以作为遗产继承吗?

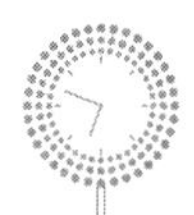

案例

2012年，王女士丈夫许先生突发车祸意外丧生。悲痛的王女士在事后整理丈夫遗物时，突然想起丈夫的QQ空间上保存了两人从恋爱到结婚的信件和照片，但由于没有密码，她无法看到这些文件，更无法保存。为此，她主动联系腾讯公司，希望获取丈夫的QQ空间密码，或者将丈夫张某的QQ账号“过户”给她，不过被腾讯公司拒绝了。

律师解答

随着网络对生活的逐步渗透，人们在拥有更多数字化生活的同时，也拥有了更多的账号和密码。账号和密码本身不具有任何价值，但是其中包含的信息、资料、财产等却具有价值，对一个人来说非常重要，在他去世后，这些就属于现在人们常说的“网络遗产”。“网络遗产”的继承问题相当复杂，至今还没有明确的司法解释，法律界也没有定论。

大体上，可以将“网络遗产”分为以下两类：

一是对于社交账户、密码等数字信息，如个人聊天工具QQ、微信、微博、网络ID等，具有人身性质，属于个人信息，而非物权法上的个人财产，不能继承。以QQ账号为例，腾讯公司用户协议规定：QQ号码所有权属于腾讯公司，用户只拥有号码使用权，用户完成申请注册手续后，禁止赠予、借用、租用、转让或售卖。该规定可以说排除了“数字遗产”继承的可能性，如果用户停止使用本软件及服务，或服务被终止或取消，腾讯可以从服务器上永久地删除数据。服务停止、终止或取消后，腾讯也没有义务向你返还任何数据。在司法实务上，目前来看这种条款不违反法律强制性规定，未显失公平，属于合法有效条款。

二是对于社交账户的资金余额，比如在网络购物平台上转入的资金、团购网站的充值等，属于用户的私人财产，可依据法律的规定予以继承。但是，继承人不知道被继承人的社交账户、账号及密码，而社交平台又拒不配合提供相关的信息的，继承又难以操作。

从上面的分析可以看出，掌握网络账号和密码至关重要。有专家建议网络用户可以把QQ账号以及密码等个人信息写入实体遗嘱中，或者在日常生活中将密码告知配偶、孩子或者其他亲近的人，以避免像案例中的王女士那样陷入尴尬的困境，由于法律缺失的原因而导致其合情、合理的诉求而无法得到满足。

法律依据

《中华人民共和国继承法》

第三条　遗产是公民死亡时遗留的个人合法财产，包括：

（一）公民的收入；

（二）公民的房屋、储蓄和生活用品；

（三）公民的林木、牲畜和家禽；

（四）公民的文物、图书资料；

（五）法律允许公民所有的生产资料；

（六）公民的著作权、专利权中的财产权利；

（七）公民的其他合法财产。

50. 如何约定民间借贷的利息才合法?

案例

2015年10月，王某作为借款人向李某出具借条，约定借款10万元，月利息为2.5%。当日，李某将这笔款转账给王某，后王某每月给付李某利息，但到2016年5月王某由于生意失败，无力支付利息和本金。于是，李某诉至法院要求王某偿还借款本金及尚欠的利息。王某辩称月息2.5%过高，应将已支付的利息部分冲抵本金。法院经审理认为，当事人约定的2.5%月息，即年利率为30%，超过了司法保护范畴，所以对李某要求按照月息2.5%支付利息的请求不予支持。另双方约定的利息并未超过36%，属自然之债，故对于王某主张对超过24%年息部分冲抵本金的抗辩不予支持。

律师解答

如今借款成了很多人生产生活中的常事，大部分人在借款时都会约定利息，然而，利息如何约定才合法却是一个大问题。

最高法院在2015年9月1日起开始实施的《最高人民法院关于审理民间借贷案件适用法律若干问题的规定》中，对利率划出了“两线三区”。“两线”为：年利率24%（即月息2分）以下和年利率在36%（即月息3分）以上。“三区”为：年利率在24%以下的，属于“司法保护区”，法院可以认定其有效；年利率在24%～36%之间的，属于“自然债务区”，借款人有权拒绝给付，出借人不能获得胜诉权和要求法院强制执行。如果借款人自愿给付，则给付有效，事后不得要求返还；年利率在36%以上的，属于“无效区”，法院认定为无效，对于这部分利息，当事人可以在诉讼中要求返还，也有的法院会判决将已经支付的超出36%部分的利息冲抵本金。

在一些借款中，出借人为了防止借款人不按时支付利息，在借款时就将一定的利息扣除，借款人得到的钱比约定的钱要少，也就是说借条上写的数目可能不是计算利息的本金。根据规定，预先在本金中扣除利息的，法院会将实际出借的金额，即本金要减去扣除的利息，认定为本金。

如果借条、欠条、借款协议等借款凭证上没有写明利息，或者没有通过口头等其他方式达成利息的协议，法官会认为借款人没有要求取得利息，属于无息借款，如果事后索要利息的，法律不予支持。

此外，如果借款不是一次性归还，而是分次偿还的，如果最后借款人称归还的是本金，没还的是利息，那么出借人就吃亏了。为了防止出现这种情况，一定要注意还款的顺序，如果借款人没有能力一次还款，而是要求分批归还时，可以在借条中补充说明：还款按照首先抵充利息，再抵充本金的顺序进行。

法律依据

《最高人民法院关于审理民间借贷案件适用法律若干问题的规定》

第二十五条　借贷双方没有约定利息，出借人主张支付借期内利息的，人民法院不予支持。

自然人之间借贷对利息约定不明，出借人主张支付利息的，人民法院不予支持。除自然人之间借贷的外，借贷双方对借贷利息约定不明，出借人主张利息的，人民法院应当结合民间借贷合同的内容，并根据当地或者当事人的交易方式、交易习惯、市场利率等因素确定利息 。

第二十六条　借贷双方约定的利率未超过年利率24%，出借人请求借款人按照约定的利率支付利息的，人民法院应予支持。

借贷双方约定的利率超过年利率36%，超过部分的利息约定无效。借款人请求出借人返还已支付的超过年利率36%部分的利息的，人民法院应予支持。

第三十一条　没有约定利息但借款人自愿支付，或者超过约定的利率自愿支付利息或违约金，且没有损害国家、集体和第三人利益，借款人又以不当得利为由要求出借人返还的，人民法院不予支持，但借款人要求返还超过年利率36%部分的利息除外。

51. 民间借贷中的逾期利息如何计算?

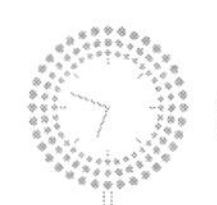

案例

2014年3月2日，冯某因经营资金周转困难，便找到其朋友丁某借款100万元，双方约定借款期限为1年，借款利息为月息4分，当日丁某便通过银行转账的方式向冯某转了100万元，并留有100万元的转账凭证，冯某也于当日向丁某出具了借条，并写明“逾期未还，按月息4分计算逾期利息”。冯某按约支付了1年的利息，但2015年3月2日到期时无力偿还本金，丁某多次向冯某催要借款，冯某均以各种理由拒不还款。2015年9月2日丁某向法院起诉，要求冯某偿还借款本金100万元，逾期还款利息24万元，共计人民币124万元。法院经审理查明，冯某向丁某已支付的1年利息48万元中只能支持36万元，超出的12万元不予支持，而这12万元应当视为对本金的偿还，故2015年3月2日以后的借款本金应为88万元。另借贷双方约定的逾期利率应不超过年利率24%，即以月息2分为限，逾期还款时间为6个月，逾期利息为10.56万元，丁某要求的24万元不能全部得到支持。

律师解答

在民间借贷纠纷当中，部分当事人因为法律意识的欠缺，在借款合同中很多人只约定了借款期限内的利率，疏忽了逾期利率的约定，使自己遭受不小的损失。那么逾期利息应当如何约定才合理呢？

根据《规定》的规定，民间借贷纠纷中，借贷双方对逾期利率有约定的，不超过年利率24%的从其约定。从这个规定中可以看出，一是24%是个“帽”，无论如何约定，获得的收益不能超过借款额的24%。既约定了逾期利率，又约定了违约金或者其他费用，但二者之和不能超过依据利率上限24%计算的总金额。二是逾期利息和违约金都是当事人可以约定的项目，二者不仅可以同时约定，也可以同时得到支持。对于逾期利息而言，如借款人按期还款，出借人可将取得的现金存入银行取得利息，但因借款人未及时履行付款义务，而使其无法将取得利息存入银行，因而造成了一定的利息损失，所以出借人获得逾期利息是合理的。对于违约金而言，属于当事人自行约定的内容，如果当事人主张的违约金过高或者过低的，法院可以实际损失为基础，综合若干其他因素进行增减。

如果未约定逾期利率或者约定不明的，法院会区分不同情况处理：（1）既未约定借期内的利率，也未约定逾期利率，出借人主张借款人自逾期还款之日起按照年利率6%支付资金占用期间利息的，法院会予以支持；（2）约定了借期内利率但未约定逾期利率的，出借人主张借款人自逾期还款之日起按照借期内的利率支付资金占用期间利息的，法院会予以支持。

法律依据

《最高人民法院关于审理民间借贷案件适用法律若干问题的规定》

第二十九条　借贷双方对逾期利率有约定的，从其约定，但以不超过年利率24%为限。

未约定逾期利率或者约定不明的，人民法院可以区分不同情况处理：

（一）既未约定借期内的利率，也未约定逾期利率，出借人主张借款人自逾期还款之日起按照年利率6%支付资金占用期间利息的，人民法院应予支持；

（二）约定了借期内的利率但未约定逾期利率，出借人主张借款人自逾期还款之日起按照借期内的利率支付资金占用期间利息的，人民法院应予支持。

第三十条　出借人与借款人既约定了逾期利率，又约定了违约金或者其他费用，出借人可以选择主张逾期利息、违约金或者其他费用，也可以一并主张，但总计超过年利率24%的部分，人民法院不予支持。

52. 民间借贷中允许“利滚利”吗？

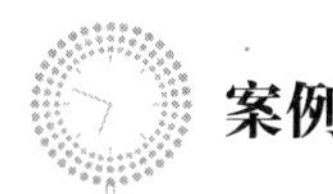

案例

2014年5月7日，魏某和宋某订立了一份借款协议，约定宋某向魏某借款人民币100万元用于企业经营，借款期限1年（自2014年5月7日至2015年5月6日），借款利率年息30%，到期后随本金一次性付清。借款到期后，宋某未能还本付息，随后双方于2015年5月7日达成了一份新的借款协议，将前期利息记入本金共计为130万元，借款展期1年，利率不变。但是到2016年5月6日，新的借款协议到期后，宋某仍未还本付息。于是，魏某将宋某诉至法院，要求宋某返还本金130万元以及自2015年5月7日起按照约定应支付的利息。宋某辩称借款协议约定利息属“利滚利”，法院不应支持。

律师解答

民间借贷中的“利滚利”，法律上称之为复利，指的是在每经过一个计息期后，都要将所剩利息计入本金，以计算下期的利息。这样，在每一个计息期，上一个计息期的利息都将成为生息的本金，即以利生利，老百姓俗称“利滚利”。按复利法计息，出借的本金越大，利率越高，计息次数越多，与单利法计息产生的差距就越大，所以在民间借贷时非常流行。在传统观念中，复利一般与高利贷联系在一起，一提起“利滚利”很多人就会认为是高利贷，属于违法行为，不受法律保护。

其实不然！最新的《最高人民法院关于审理民间借贷案件适用法律若干问题的规定》是有条件地支持复利，但考虑到后期利息计入本金后可能导致利息过高，因此为民间借贷作出了一个“本息和”的上限规定。根据规定，前后两个借款期间内的本息总和不得超出法定的标准，即不得超出以最初本金为基数、以年利率24%计算的本息之和，超过这个数额部分的，法院将不予保护。总之一句话，不管怎么计算，以最初的本金为基数，年利率不得高于24%。

以上述案例为例，双方约定的前期利息是按年利率30%计算，但只有24%的部分可以记入本金计算复利，也就是说新的借款本金为124万元。100万元借款以法定上限年利率24%计算，前后两个借款期间内的本息总和为148万元（100万元+100万元×24%×2），那么第二个借款期间内受保护的借款利息24万元（148万元－借款本金124万元）。即新的借款协议到期后宋某依法应返还魏某借款本金124万元和借款期限内利息24万元，共计148万元。至于逾期利息，可以124万元为基数，按照年利率24%继续计算。所以，宋某的抗辩并不成立，而魏某主张的复利只能部分成立。

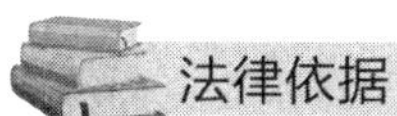

《最高人民法院关于审理民间借贷案件适用法律若干问题的规定》

第二十八条　借贷双方对前期借款本息结算后将利息计入后期借款本金并重新出具债权凭证，如果前期利率没有超过年利率24%，重新出具的债权凭证载明的金额可认定为后期借款本金；超过部分的利息不能计入后期借款本金。约定的利率超过年利率24%，当事人主张超过部分的利息不能计入后期借款本金的，人民法院应予支持。

按前款计算，借款人在借款期间届满后应当支付的本息之和，不能超过最初借款本金与以最初借款本金为基数，以年利率24%计算的整个借款期间的利息之和。出借人请求借款人支付超过部分的，人民法院不予支持。

53. “订金”和“定金”，哪个可以退?

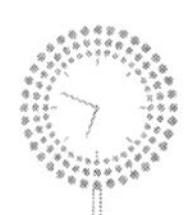

案例

李小姐和丈夫在一个家居购物广场看上了一套衣柜，在销售人员的热情介绍下，感觉比较满意，于是交纳了1000元订金。销售人员当场表示，如果不满意1000元钱随时可以退。随后，李小姐又在其他商家看中了另一款衣柜，就不想在之前的商家购买了，于是回去要求退还订金。可是销售人员拿出收据条时，李小姐发现上面写的却是“定金”，因此商家拒绝退还。

律师解答

“订金”与“定金”虽一字之差，但是在法律意义上却相差甚远。

订金只是一个习惯性用语，“订”的含义是订立、预订之意，目前法律上没有明确规定，一般可视为预付款。订金的效力取决于双方当事人的约定。双方当事人如果没有约定，订金的性质主要视为是预付款，如果合同正常履行，则可以用作冲抵货款；如果给付一方不履行合同，仍可要求对方如数返还。也就是说，销售者违约时，应无条件退还订金；消费者违约时，可以与销售者协商解决并要求销售者退款。

定金是指当事人约定由一方向另一方给付，作为债权担保的一定数额的货币。它属于一种法律上的担保方式，在合同法和担保法中都有明确规定，目的在于促使债务人履行债务，保障债权人的债权得以实现。一方违约时，双方有约定的按照约定执行。如果无约定，销售方违约时，定金双倍返还；消费者违约时，定金不必返还。担保法对定金的总额也有要求，不得超过合同标的额的20%。

概言之，订金属于预付款，而定金是签约的保证，属于“违约”定金。也就是定金不可退，订金是可以退还的。此外，应注意一些特殊领域的定金规则。比如《最高人民法院关于审理商品房买卖合同纠纷案件适用法律若干问题的解释》的规定，出卖人通过认购、订购、预订等方式向买受人收受定金作为订立商品房买卖合同担保的，因不可归责于当事人双方的事由，导致商品房买卖合同未能订立的，出卖人应当将定金返还买受人。

因此，消费者在消费过程中一定要头脑清醒，看清楚协议上写的是“定金”还是“订金”，尤其是“定金一律不退”之类的条款。对于商家做出的口头承诺，在签订协议书时必须将承诺写进去，避免上当受骗。

《中华人民共和国合同法》

第一百一十五条　当事人可以依照《中华人民共和国担保法》约定一方向对方给付定金作为债权的担保。债务人履行债务后，定金应当抵作价款或者收回。给付定金的一方不履行约定的债务的，无权要求返还定金；收受定金的一方不履行约定的债务的，应当双倍返还定金。

《中华人民共和国担保法》

第九十一条　定金的数额由当事人约定，但不得超过主合同标的额的百分之二十。

《最高人民法院关于适用〈中华人民共和国担保法〉若干问题的解释》

第一百一十八条　当事人交付留置金、担保金、保证金、订约金、押金或者定金等，但没有约定定金性质的，当事人主张定金权利的，人民法院不予支持。

54.“借条”和“欠条”是不是一回事？

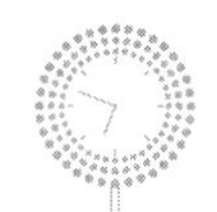

案例

赵某和女孩郭某是一对恋人，两个人在一起打工并且同居一年多。一起生活期间因性格不合，经常为一些琐事争吵不休，最后二人只好分手。之后不久，郭某将前男友赵某告上法庭，起诉他在两人恋爱期间以做生意为名，先后分十几次以现金的形式向她陆续借款达50万元，并且于2015年6月3日出具了金额为50万元的欠条，但没有约定何时还款。后经多次追要无果，因此郭某请求法院判令赵某给付欠款50万元。但是原告除了一张借款欠条外，并没有其他证据材料进行佐证，在书写借据时，也没有其他相关人员在场的证明。法院认为两人之间频繁借钱，被告一直未予归还，且无固定职业，原告仍予以支付，因此可以判定双方签订欠条时还掺杂着恋人之间的感情因素。最终，法院没有支持郭某的诉讼请求。

律师解答

在日常生活中，人们经常发生借贷关系，当事人要么打欠条，要么出具借条。欠条和借条，虽一字之差，但法律意义却不同。借条是借款人向出借人出具的借款书面凭证，它证明双方建立了一种借款合同关系；而欠条是双方基于以前的经济往来而进行结算的一种结算依据，它实际上是双方对过往经济往来的结算，仅是代表一种纯粹的债权债务关系，并不代表借款合同关系。两者主要的区别包括：

第一，证明效果不同。借条证明的是借款关系，而欠条证明的是欠款关系。借条形成的原因是特定的借款事实；欠条形成的原因很多，可以基于多种事实而产生，如因买卖产生的欠款、因劳务产生的欠款、因损害赔偿产生的欠款等。“欠”字与“借”字有很大的区别，“欠”反映的是一种“状态”，“借”表明了债权关系是因为借贷而形成，欠条则无法表明债权关系形成的真正原因，因此有欠条不等于一定有借款。所以，在诉讼过程中，出借人必须首先证明欠条形成的事实，向法庭说明欠款形成的原因及提供相关的证据。而拿着借条到法院去起诉，就能比较容易认定借款事实，一般他只需向法院陈述借款的事实经过即可，对方要抵赖很困难。

第二，对诉讼时效的影响不同。注明了还款期限的借条和欠条，诉讼时效没有区别，都是从注明的还款期限之日起3年。但是，如果没有注明还款期限，两者的诉讼时效差别就大了。没有注明还款期限的欠条自债务人出具时起，债权人即享有向其主张还款的权利，诉讼时效就开始计算，而一般诉讼时效期间是3年，3年以后再去主张，就会丧失了时效期间；而对于没有注明还款期限的借条，出借人的权利只有在其要求借款人偿还而被借款人拒绝时才被侵害，诉讼时效期间应从借款人拒绝偿还之次日起开始计算3年的诉讼时效，这对保护出借人的利益更为有利。

从上面的分析可以看出，借款时宜写“借条”，而不宜写“欠条”。当自己借钱给别人时，应要求对方出具借条；而别人欠你货款时，你应要求对方出具欠条。两者不要混淆，避免有些故意想赖账的人混淆它们之间的区别。

法律依据

《中华人民共和国合同法》

第二百零六条　借款人应当按照约定的期限返还借款。对借款期限没有约定或者约定不明确，依照本法第六十一条的规定仍不能确定的，借款人可以随时返还；贷款人可以催告借款人在合理期限内返还。

《中华人民共和国民法总则》

第一百八十八条　向人民法院请求保护民事权利的诉讼时效期间为三年。法律另有规定的，依照其规定。

诉讼时效期间自权利人知道或者应当知道权利受到损害以及义务人之日起计算。法律另有规定的，依照其规定。但是自权利受到损害之日起超过二十年的，人民法院不予保护；有特殊情况的，人民法院可以根据权利人的申请决定延长。

第一百九十五条　有下列情形之一的，诉讼时效中断，从中断、有关程序终结时起，诉讼时效期间重新计算：

（一）权利人向义务人提出履行请求；

（二）义务人同意履行义务；

（三）权利人提起诉讼或者申请仲裁；

（四）与提起诉讼或者申请仲裁具有同等效力的其他情形。

55. 给亲戚朋友做担保，有什么风险？

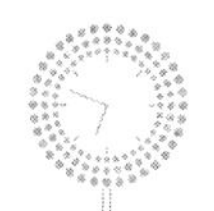

案例

2014年9月，刘某因经营项目向程某借钱，程某提出必须有一位公务员做担保才能将钱借给刘某，刘某便想到了自己的老同学尤某。爽快的尤某一听到刘某的请求立马应承下来，并最终以担保人身份在20万元的借条上签了字。刘某和程某原本约定借款期为4个月，然而4个月过去了，刘某不仅没有还钱，人也不知去向，要钱无门的程某最终于2015年4月将刘某和尤某起诉至法院。法院最终判决由尤某承担偿付20万元借款的连带责任。

律师解答

随着民间借贷越来越普遍，担保纠纷的数量也在不断增加。担保就是债权人为了降低违约风险，减少资金损失，由债务人或第三人提供履约保证或者承担违约责任的行为。在不少情况下，担保人多是碍于情面，不好意思推托才为亲戚、朋友作担保，对于被担保人的资信情况以及自己应承担的法律风险知之甚少。很多担保人以为只是在纸上签一个字而已，在签字盖章时甚至连合同内容都不看一眼，殊不知一旦签字，就要以自己的财产来保证债务的履行。一旦债务人无法履行应尽的还款义务，担保人不得不以自己的资产为朋友还债，更有甚者会因担保而倾家荡产，网络上甚至报道过因为替朋友担保最终导致自杀的案例。

按照我国现行法律规定，担保责任分为一般担保和连带责任担保。一般担保是指在债务人通过诉讼仍不能承担债务时，担保人应当承担担保责任；连带担保责任是指债权人可以直接要求债务人和担保人任何一方承担责任，不受债务人有无能力的限制。如果合同上没有注明是一般担保还是连带担保，法律推定为连带担保。

为什么有些人会因为一纸担保合同而倾家荡产呢？原因就在于担保的责任范围非常宽泛。根据规定，保证担保的范围包括主债权及利息、违约金、损害赔偿金和实现债权的费用。所以，几乎所有的因为违约而产生的责任担保人都要承担，如果合同的违约金额巨大，那么担保人为给债务人还债，自己真可能会倾家荡产。

至于担保的期限，以保证担保为例，担保期限有约定的按照合同约定，没有约定的按照法律规定为6个月，约定不明的担保期限为2年，担保期限届满后担保人将不再承担担保责任。担保人在签订保证合同后，如果在这个期限内没有被追究责任，那么就可以不再承担担保责任。

有时担保没有签订书面合同，仍然可能产生担保的效力，比如在主合同中包含担保条款，或者合同的落款处有担保人的签字、摁手印等。无论是一般担保责任还是连带担保责任，担保人在承担担保责任后，可以向债务人进行等额的追偿来弥补自己的损失。

当然，如果主合同当事人双方串通，骗取担保人提供保证的，或者主合同债权人采取欺诈、胁迫等手段，使担保人在违背真实意思的情况下提供保证的，担保人可以不承担担保责任。

因此，不是什么忙都可以帮的！担保不是儿戏，在为朋友担保前，一定要三思而后行，考虑一下自己是否有能力承担担保责任，承担担保责任是否对家庭有重大影响，同时对被担保人的经济实力、还款能力进行一个评估。另外，在签订担保合同时，要看清楚自己承担的是一般担保还是连带担保，以及担保的期限，在允许的情况下尽可能让债务人为自己提供反担保，一方面能督促债务人履行债务，另一方面也可以最大限度地规避自己的风险，避免给自己造成不必要的经济损失和麻烦。

法律依据

《中华人民共和国担保法》

第十七条　当事人在保证合同中约定，债务人不能履行债务时，由保证人承担保证责任的，为一般保证。

一般保证的保证人在主合同纠纷未经审判或者仲裁，并就债务人财产依法强制执行仍不能履行债务前，对债权人可以拒绝承担保证责任。

有下列情形之一的，保证人不得行使前款规定的权利：

（一）债务人住所变更，致使债权人要求其履行债务发生重大困难的；

（二）人民法院受理债务人破产案件，中止执行程序的；

（三）保证人以书面形式放弃前款规定的权利的。

第十八条　当事人在保证合同中约定保证人与债务人对债务承担连带责任的，为连带责任保证。

连带责任保证的债务人在主合同规定的债务履行期届满没有履行债务的，债权人可以要求债务人履行债务，也可以要求保证人在其保证范围内承担保证责任。

第十九条　当事人对保证方式没有约定或者约定不明确的，按照连带责任保证承担保证责任。

《最高人民法院关于适用〈中华人民共和国担保法〉若干问题的解释》

第二条　反担保人可以是债务人，也可以是债务人之外的其他人。

反担保方式可以是债务人提供的抵押或者质押，也可以是其他人提供的保证、抵押或者质押。

56. 只有转账凭证，没有借条，能否打赢官司？

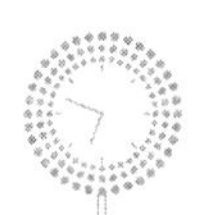

案例

2011年3月16日，曲某以急需资金周转为由向齐某借款10万元。齐某于当日通过银行向曲某转账10万元。之后齐某多次要求曲某履行还款义务，均被曲某拒绝。于是齐某诉请法院要求曲某返还借款10万元，并承担相应利息。在案件审理的过程中，齐某向法院提交了录音，以证明借贷关系真实存在，但曲某对录音内容予以否认。法院经审理认为，齐某持有的银行个人存款业务凭证，仅能证明其向曲某汇款人民币10万元的事实，尚不足以证明该款项系原告向其借款。仅凭录音无法确定谈话时间、地点、谈话者身份，录音的真实性无法确认，且录音所涉及谈话内容未正面提及本案款项，无法证明与本案款项的关联性，所以驳回原告的诉讼请求。

律师解答

银行转账的凭证能够说明一方当事人将借款打款给了另一方，并不能证明两人之间的债权债务关系是因为什么而成立的，即只完成了“钱款已付”的举证，而没有完成“借款合同成立”的举证。这是因为不同的原因会产生不同的法律关系，比如提供借款体现的是借贷关系，给付货款体现的是买卖关系，交付捐款体现的是赠予关系等。比如生活中朋友、亲戚间的账目往来也时有发生，但并非每笔汇款都出于借款，可能系帮别人买东西、一起投资做生意等生活琐事。

法院在审理民间借贷案件时，一般审查借贷合意和借贷事实两个方面的材料，借贷合意主要表现为借条、欠条或口头协议，借贷事实表现为转账凭证、收条等，应由原告对上述两部分内容承担举证责任。仅有银行的转账凭证，并不能证明双方之间必然存在借贷法律关系。所以，根据“谁主张，谁举证”的原则，如果原告仅依据金融机构划款凭证提起诉讼，被告否认双方存在民间借贷关系的，那么原告应当就双方存在借贷关系承担证明责任，否则将无法形成完整的证据链条，以证明双方借贷关系的存在。

借条、欠条等借据是证明双方存在借贷合意和借贷关系实际发生的直接证据，具有较强的证明力。因此，无论是亲友或生意合伴之间，无论关系亲疏，出借款项最好要求对方出具借条，即使出借人通过银行柜台转账或网上银行转账，都应注明钱款用途。转账时，要在留言栏内注明转账内容，如果是借款，应约定还款日期、借款利息；如果是还款或者是结清货款，应写清相关内容。如果没有注明，要及时补充借条、借款合同等凭证，或者事后与对方协商对转账事实以及相关事项进行电话录音，从而将转账款与合同固定相连，形成一个较严密的证据链。否则，发生纠纷后，主张成立借贷关系的一方当事人可能因没有借条等证据而承担败诉的后果。

《中华人民共和国民事诉讼法》

第六十四条　当事人对自己提出的主张，有责任提供证据。

《最高人民法院关于适用〈中华人民共和国民事诉讼法〉的解释》

第九十一条　人民法院应当依照下列原则确定举证证明责任的承担，但法律另有规定的除外：

（一）主张法律关系存在的当事人，应当对产生该法律关系的基本事实承担举证证明责任；

《最高人民法院关于审理民间借贷案件适用法律若干问题的规定》

第十七条　原告仅依据金融机构的转账凭证提起民间借贷诉讼，被告抗辩转账系偿还双方之前借款或其他债务，被告应当对其主张提供证据证明。被告提供相应证据证明其主张后，原告仍应就借贷关系的成立承担举证证明责任。

57. 车险买过之后可以退吗?

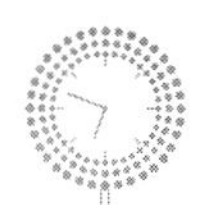

案例

2012年8月14日上午，戴女士购买了一辆二手车，但未办理过户手续。当天下午，戴女士将车借给男友闻先生驾驶，不料出了交通事故，导致一辆电动三轮车上的乘坐人赵女士受伤。事发后，戴女士和原车主沈先生取得了联系。沈先生说，车辆在某保险公司投保了交强险和商业险，事发当天上午沈先生刚到保险公司办理了商业三者险的退保手续。事后，伤者赵女士将戴女士及其男友闻先生、保险公司诉至法院，要求赔偿医疗费等各项损失。法官从保险公司调取的退保微机保存信息显示“输入时间为2012年8月14日，批单责任起期为2012年8月15日”。法院经审理认为，保险公司提供的商业三者险条款为格式条款，且条款明确了“自通知保险人之日止，本保险合同解除，保险人按日收取自保险责任开始之日至合同解除之日止期间的保险费”，也可以证明保险公司收取了保险解除之日的保险费，本事故发生在通知保险人之日，不能证明保险公司免除了保险责任。最终，法院判决保险公司在交强险和商业三者险范围内一并赔付伤者赵女士62944.6元。

律师解答

车险可不可以退？不少车主认为，车险买了就买了，也没多大必要再去退了。不过，有些车主买了二手车，想更换保险公司或想更换之前被4S店推荐的保险，这时车主自然就需要退险。车险包括交强险和商业险两种，二者的情况不一样。

交强险是国家强制要求购买的保险，首先要看保单上交强险的生效日期，如果保单尚未生效，可办理退保。如果已经生效，需要符合下列情况之一才能退保：一是被保险机动车被依法注销登记的；二是被保险机动车办理停驶的；三是被保险机动车经公安机关证实丢失的。其他情况下，一律不予退保。

商业险是车主自愿购买的车险，原则上是未到期的，未向保险公司出过险的都可退保。在保险单有效期内，该车辆没有向保险公司报案或索赔过可退保。需要注意的是，仅向保险公司报案而未得到赔偿的车辆也不能退保。某些特殊情况下，商业险也可以退保，比如，投保人重复投保的，被保险机动车被转卖、转让、赠送至车籍所在地（按地市级行政区划划分）以外的地方，新车因质量问题被销售商收回或因相关技术参数不符合国家规定交管部门不予上户的。在退保时，车主需要带上保单原件、被保险人身份证、保费发票以及被保险人银行卡到相关的保险营业厅进行办理，保险公司会根据客户提交的退保申请书，出具一份退保批单，上面写明退保时间及应退保费金额，同时收回汽车保险单。

法律依据

《机动车交通事故责任强制保险条例》

第十六条　投保人不得解除机动车交通事故责任强制保险合同，但有下列情形之一的除外：

（一）被保险机动车被依法注销登记的；

（二）被保险机动车办理停驶的；

（三）被保险机动车经公安机关证实丢失的。

第十七条　机动车交通事故责任强制保险合同解除前，保险公司应当按照合同承担保险责任。

合同解除时，保险公司可以收取自保险责任开始之日起至合同解除之日止的保险费，剩余部分的保险费退还投保人。

58. 买房买到“凶宅”怎么办?

案例

田女士想把家中的小房子换成大房子，通过中介看中了一套三居室的大房子，花了160万将这套房子买了下来，并办理了过户手续。在买房过程中，田女士多次向对方询问房屋是否有瑕疵，中介和房主均称没有。然而，在装修过程中，田女士听闻小区的居民说这套房子几个月前刚死过人。田女士赶紧通过中介公司向原来的房主求证，但房主不承认，于是她又跑到派出所询问，根据派出所的出警记录，房子里确实死过人。田女士联系房主要求撤销买房合同，但对方予以拒绝。无奈之下，田女士诉至法院，请求法院依法判令撤销双方签署的房屋买卖合同。法院经审理认为，房屋买卖合同签订前1个月，涉案房屋内确曾发生过非正常死亡事件，但原房主未能主动披露，违背了诚实信用原则，对田女士构成欺诈，最终判决撤销双方的房屋买卖合同。

律师解答

在二手房交易中，许多地方都出现了买房人在事先不知情的情况下因购买了“凶宅”而出现的交易纠纷，这目前属于一个司法难点。“凶宅”在法律上并没有明确的界定，一般指发生非正常死亡并给人主观上带来恐惧感的房屋，比如自杀、凶杀等，一般来讲，正常生理死亡，如生老病死，意外事件致人死亡，房屋失火、煤气中毒等，都不能称之为“凶宅”。对于“凶宅”的性质是属于民俗还是属于封建迷信，在司法实践上还存在一些争议。

如果属于民俗，那么“趋吉避凶”是一种传统文化认同的社会心理现象。按照大众的观念和风俗习惯，如果住宅内发生非正常死亡事件，往往会感到忌讳和恐惧，这是一种客观的普遍现象。人们购买房屋，除了房屋质量、朝向、环境、交通等客观居住功能外，还会有追求平安、吉祥的主观愿望。显然，“凶宅”肯定会影响买房人的居住心情，产生一种恐惧的心理。此外，当事人订立履行合同，应当遵循诚实信用原则，尊重社会公德。按照相关法律规定，影响合同订立和履行的重大事件，卖房者有告知义务，所以在出售房屋时，房主应充分向买房者说明情况，如果刻意隐瞒，就违反了公序良俗原则和忠诚义务原则，构成了欺诈，购房人可以向法院申请撤销购房合同。从价格上来讲，“凶宅”也应当比正常的房屋便宜，会比市场价格存在一定的贬值，有时候即使非常低也没人愿意买。所以，购买者获知情况后，也可以向原房主索要“凶宅贬值费”。

如果属于封建迷信，则会认为“凶宅”属于风水范畴，是唯心主义的表现，没有影响房屋的质量，而且房屋市场价值主要取决于市场经济价值规律，房屋内发生非正常死亡事件并不必然导致房屋出售价值的贬损，因此购房合同有效。

在司法实践中，两种观点均有支持者，法院依据不同的理由做出不同的判决。但根据已经公布的案例，总体而言，认为属于是一种民间习俗的更多一些。法院会根据具体的案情，结合购房人是请求降低房价款还是请求撤销合同，做出相应的判决。

由于现在法律并没有规定房屋买卖中的“非正常死亡事件”的相关信息属于出卖人必须告知的信息，如果买卖双方在购房合同中也没有明确就“凶宅”事项达成任何约定或承诺，那么事后再追究原房主的责任难度会很大。所以，建议在选中意向房屋后，要多在该小区内打听，看是否发生过一些意外事件；

在签订房屋买卖合同时，可以要求卖房人保证房屋不存在“凶宅”等非质量瑕疵，并约定如有隐瞒，购房者可随时解除合同并追究卖方违约责任。

法律依据

《中华人民共和国合同法》

第五十四条第二款　一方以欺诈、胁迫的手段或者乘人之危，使对方在违背真实意思的情况下订立的合同，受损害方有权请求人民法院或者仲裁机构变更或者撤销。

第五十五条　有下列情形之一的，撤销权消灭：

（一）具有撤销权的当事人自知道或者应当知道撤销事由之日起一年内没有行使撤销权；

（二）具有撤销权的当事人知道撤销事由后明确表示或者以自己的行为放弃撤销权。

59. 购买学区房，卖房人不迁走户口怎么办?

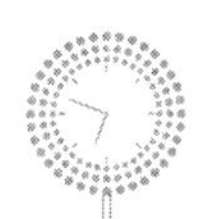

案例

甲通过中介公司看中了一套学区房，于是与房主乙签订了房屋买卖合同。由于该房名下共有5人的户口，因此双方在合同中约定户口迁出时间为房屋所有权转移之日起30日内，逾期应承担违约责任。合同签订后，双方按照约定于2015年11月13日办理完了房屋过户手续，但是直到2015年12月25日仅迁出了3个人的户口，乙的前儿媳和孙女的户口未迁出。甲经多次催促未果，无奈之下起诉至法院，要求乙承担违约责任。乙称剩余两人户口与本人无关，不应承担违约责任。法院经审理认为，乙的前儿媳及孙女与乙之间仍然存在一定的身份关系和社会关系，而与房屋买受人甲并无任何关系，因此，乙的抗辩不能成立，其应当承担剩余户口迁出的义务。乙办理户口迁出的时间超过约定时间，因此已经构成违约，故法院判决其承担违约责任。

律师解答

现在很多地方实行“划片入学”，如果在好学区拥有一套房子，便意味着自家的孩子能进入一所好学校读书。因此，这类房子被附加上了教育价值而变得异常抢手，大批父母不惜花费重金来抢购。不过，购买学区房之后，必须把自己和孩子的户口都迁入房子名下，才能享受学区名额。但旧房主逾期未迁出户口，很有可能会导致户口无法及时迁入，影响孩子的上学。近几年来，涉户籍迁移问题的房屋买卖合同纠纷越来越多。

户口迁不走的原因多种多样，有的房子名下不仅有其家人的户口，还有其他挂靠的亲戚朋友的户口，卖房人仅迁走了家人的户口，而其他人有的不愿意配合，有的根本找不到本人；有的是卖房人还未购置新房，或者卖房后购买了小产权房，或租住在公租房，有的老人居住在养老院等，这些地方都不具备落户的条件，导致户口无法迁出；还有的投机取巧，钻国家政策的空子，故意拖延迁户。

这些官司打到法院，法院不会直接判决迁移户，一般会以户口迁移属于行政诉讼而非民事诉讼管辖范围，或户口迁移请求超出法院的受理范围，不支持强制迁移户口的请求，买房人仅能依据双方买卖合同的约定，追究卖房人的违约责任，通常会判决双方解除合同，或旧房主赔付违约金。由于近几年房价上涨很快，如果是解除合同，买房人等于是“竹篮打水一场空”，如果是赔付违约金，因为一般是约定按日支付违约金，如果卖房人迟迟不迁户口，就会面临巨额的违约金，法院一般在造成实际损失的30%范围内予以调整，不会全部支持。

由于1958年由全国人大常委会颁布实施的《中华人民共和国户口登记条例》并没有涉及户口强制迁出的规定，公安机关也没有强制他人迁出户口的权力。所以，现实中落户纠纷只能以协调为主。不过，在一些地方，房屋内现有的户口不影响新的所有权人户口的迁入，买房人取得房屋所有权后，可以办理户口迁入，买房人最好事先咨询当地的派出所。另外，比如在上海，从2010年开始设置了“公共户”，如果市民因房屋出售造成不能办理正常落户手续的，可向落户地派出所申请在“公共户”办理户口登记，避免了因户口无处迁移，“赖”在别人房子里的问题。

建议父母在购买学区房前，做到以下几点：

第一，全面了解相关教育政策。学区房并不是一成不变的，教育部门或相关学校会不定期对学区的划分做出相应调整，以适应不断波动的生源变化。

同时，相关部门还可能会对学区内的入学标准问题进行调整，比如“6年一学位”“落户满3年才能入学”等。

第二，提前向公安机关咨询落户政策。户口迁移问题属于公安机关户籍管理的职权范围，不同区域政策不同，所以买房人最好向房屋所在地派出所咨询相关落户政策，比如在北京购买私产平房，是否对平房的面积有要求等。

第三，提前查询房下户口登记情况。在签订房屋买卖合同之前，认真查看卖房人的户口本，还可以和卖房人一起到派出所查看户口登记情况，由房主通过书面形式确认其将对户口进行迁移。

第四，提前向教育部门核实学籍使用情况。有的地方要求“6年一学位”，如果房子名下的学位已经被使用，那么6年内就不能再享受学区名额。因此，家长要向教育部门和学校核实房屋学籍的使用情况，提防名额被占用的情况。

第五，将“合同目的”“户口迁出时间”及“违约责任”明确写进房屋买卖合同。现在很多地方使用的合同格式条款中虽然对户口问题进行了约定，但不够详细。当事人可以根据自己的情况进行补充。如果买到房屋后，孩子却没有办法入学，就丧失了购买“学区房”的意义，因此要在合同中将“合同目的”写清楚，一旦无法享受学区名额，买房可以撤销合同。另外，买房人可在合同中明确约定，保留部分尾款作为迁移户口的履约保证金，以督促对方及时履行户口迁移义务。此外，如果在合同中约定了房屋中介公司对户口的审查义务，如果因未尽到审查义务而导致履行出现障碍，那么中介机构也应当承担一定的赔偿责任。

《中华人民共和国合同法》

第九十四条　有下列情形之一的，当事人可以解除合同：

（四）当事人一方迟延履行债务或者有其他违约行为致使不能实现合同目的；

第一百零七条　当事人一方不履行合同义务或者履行合同义务不符合约定的，应当承担继续履行、采取补救措施或者赔偿损失等违约责任。

第一百一十四条　当事人可以约定一方违约时应当根据违约情况向对方支付一定数额的违约金，也可以约定因违约产生的损失赔偿额的计算方法。

约定的违约金低于造成的损失的，当事人可以请求人民法院或者仲裁机构予以增加；约定的违约金过分高于造成的损失的，当事人可以请求人民法院或者仲裁机构予以适当减少。

当事人就迟延履行约定违约金的，违约方支付违约金后，还应当履行债务。

60. 房子涨价卖方违约，买方能否要求继续履行协议?

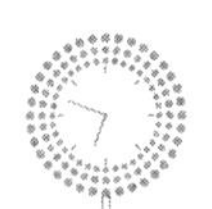

案例

2015年10月，张某通过中介公司与刘某签订了《存量房买卖合同》，约定购买刘某在某小区的房屋，成交价格为550万元。合同明确约定了交易房款的支付金额、支付时间以及交易方式。同日，张某按合同约定支付100万元购房定金。2015年11月初，买卖双方在中介公司做了网签，但由于房价飙涨，在2016年1月中旬，卖方刘某通知买方张某，由于签订合同时未征得妻子的同意，因此不愿意再继续履行合同，并声称愿意双倍返还定金。张某不同意解除合同，向法院提出诉讼，要求继续履行合同。法院经过审理认为，买卖双方签订的合同是双方当事人真实意思表示，合法有效，卖方以各种理由拒不履行合同的做法，违背诚实信用的基本原则，破坏了正常的市场交易秩序和安全，应当受到法律的禁止；作为守约方的买方，相关权益应当受法律的保护，最终判决双方继续履行已经签订的《存量房买卖合同》。

律师解答

近几年房子成了很多人的烦心事，尤其是在买二手房时，房价很可能是一夜间暴涨。在巨大的经济利益面前，很多卖房人往往难以自觉遵守合同，开始要求买房人加价，加价不成时，一些人想方设法让已经签订的房屋买卖合同变为无效。比如，让其他的房屋共有人（父母、夫妻一方）出来主张自己不知情，让第三人以承租人的身份起诉主张优先购买权，有的卖方干脆以拒收房款等方式，制造买房人延期付款，再主张其违约，要求解除合同；甚至有些房主完全无视合同，直接以高价将房屋卖与第三人并办理过户。

面对这种局面，该如何维护自己的合法权益呢？很多买家为了能够买到自己心仪的房子，都会选择息事宁人，多出些钱也就认了，纵容卖方的肆意加价行为。但从法律的角度讲，卖方无视法律的约束，为了获取更大的利益，单方撕毁合同是违反合同法的行为，买方完全可以诉诸法院，用法律保障自己的合法权益。

根据合同法的相关规定，房屋买卖合同签订后，卖方违约的，作为买方可以要求解除合同，并赔偿损失，也可以要求卖方承担违约责任，并继续履行。由于二手房交易流程长、涉及主体多、法律关系错综复杂，在不同的情况下，买方可以选择对自己更有利的方式。

第一，房屋存在抵押时，建议选择解除合同并要求卖方赔偿损失。因为如果房屋有抵押的情形，买方若要求继续履行合同，法院即使判决继续履行合同，如果卖方不愿意或没有足够的资金去解除抵押，就很难将交易进行下去。

第二，如果房屋上没有抵押，但买方资金能力有限，需要通过银行办理贷款支付剩余房款的，建议选择解除合同，同时要求卖方赔偿损失。这是因为贷款买房需要卖方配合办理贷款手续，如果卖方拒绝提供办理银行贷款所需的身份证件及收款账号等材料，买方的贷款申请很难获得批准。在这种情况下，即使法院判决支持了继续履行的请求，因买方贷款不能通过银行审批，因此也无法办理房屋强制过户。

第三，如果房屋上没有抵押，但买方有能力一次性付清尾款或者其贷款已经获得银行批准时，建议选择继续履行合同。这时，法院强制过户不存在障碍，作为买方完全可以依法要求卖方继续履行合同，并要求卖方承担逾期办理过户的违约责任。

此外，在选择解除合同时，是要求卖方承担违约责任，或是赔偿损失，也需要认真考虑。我国法律明确定金责任、赔偿金责任只能是二选一。如果买方选择适用定金责任，就不能适用赔偿金责任。通常二手房买卖合同约定，若卖方逾期不履行合同，买方可解除合同，要求卖方支付违约金，违约金为双倍定金或合同成交价的20%。因此，如果合同约定的违约金高于房价上涨的幅度，可以要求承担违约责任，反之，可以要求赔偿损失。

现在，很多法院会支持差价赔偿，即房价上涨后房屋的现价值与合同约定的交易价格之间的差额，因为这部分利益属于买方可以期待和获得的利益。法院这样做的目的在于贯彻诚信原则，让守约方受损的利益得到弥补，使其仍有能力购买到同区位、同类型的房屋。法庭在确定房屋现价值的时候，会首先让双方当事人自行商定一个价格，如果无法达成一致意见，法院可以委托有资质的鉴定机构进行鉴定，最终确定一个合理的价格。

总之，诚实守信是所有人行为的一个基本原则，签订了合同，就不应该反悔。因为如果大家都随意违约的话，整个社会秩序就会混乱，人与人之间就很难建立起最基本的互信，社会稳定成本就会大大增加。面对恣意妄为的卖方，买房人在时间和精力允许的情况下，完全可以通过法律讨回公道。

《中华人民共和国合同法》

第一百一十条　当事人一方不履行非金钱债务或者履行非金钱债务不符合约定的，对方可以要求履行，但有下列情形之一的除外：

（一）法律上或者事实上不能履行；

（二）债务的标的不适于强制履行或者履行费用过高；

（三）债权人在合理期限内未要求履行。

第一百一十二条　当事人一方不履行合同义务或者履行合同义务不符合约定的，在履行义务或者采取补救措施后，对方还有其他损失的，应当赔偿损失。

Part 5

企业经营与管理

61. 法定代表人是什么人？

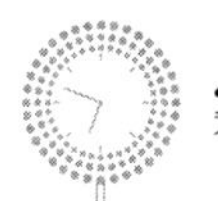

案例

赵某系某公司法定代表人，其于2011年2月28日向崔某出具了借条，借款30万元，期限两年，月息1分，并且在借条中注明“此款经公司研究用于公司包装箱专用”，但只有赵某个人签名，未加盖公司公章。公司财务人员按期向崔某支付了利息，但之后，崔某经多次催讨，赵某及公司均未偿还本金。于是崔某诉至法院，请求公司与赵某连带偿还借款本息。赵某辩称其借款系职务行为，应由公司承担偿还义务。公司辩称赵某的借款系个人债务未用于公司经营，应由赵某偿还。在法院审理期间，赵某未向法院提交证据证明公司章程授权其向个人借款，也无法证明该笔借款已实际进入公司财务账目及用于公司的生产经营。最终法院认定赵某的借款行为不属于公司的经营活动，也与其职务无关，不具备成立代表行为的要件，判决赵某偿还原告的本金及相应利息。

律师解答

根据《中华人民共和国民法总则》的规定，法定代表人是依照法律或法人章程规定，代表法人从事民事活动的负责人。在实际生活中，人们经常用“法人”“法人代表”等称谓进行称呼。一个公司只能有一个法定代表人，根据《中华人民共和国公司法》的规定，公司法定代表人依照公司章程的规定，由董事长、执行董事或者经理担任。一般情况下，一个自然人经过公司法和公司章程规定的程序被选举为法定代表人，并经工商登记而公示，即具有公司法定代表人身份。

法定代表人是公司的全权代表，在国家法律、法规以及公司章程规定的职权范围内行使职权、履行义务，代表公司参加民事活动，对公司的生产经营和管理全面负责。法定代表人的权力主要包括对外签字权、财务的控制权、参与诉讼权等。从某种意义上讲，担任了公司的法定代表人，即掌控了公司的核心权力。

但是，虽然权力很大，法定代表人对其行为及企业的行为也要承担相应的民事、行政和刑事责任，具体包括：

第一，民事责任。一般情况下，公司的法定代表人以公司名义从事的经营活动，属履行职务的行为，由此而产生的相关民事责任，均由公司承担责任，法定代表人个人并不会因其职务行为而需对外承担民事责任。但法定代表人如果自己因故意或过失而给公司造成损失，公司可以要求其赔偿。

第二，行政责任。《中华人民共和国公司登记管理条例》第70条规定公司在进行清算时，隐匿财产，对资产负债表或者财产清单作虚假记载，或者在未清偿债务前分配公司财产的，除对公司进行罚款外，也要对公司直接负责的主管人员和其他直接责任人员处以1万元以上10万元以下的罚款。由于法定代表人往往是公司行为的直接负责人员，因此行政机关可以根据相关规定对他们予以行政处罚。如果公司存在债务违约或者偷税漏税等问题，其法定代表人也可能会被行政机关采取限制离境等措施。

第三，刑事责任。在《中华人民共和国刑法》规定的某些罪名中，除了对单位进行处罚外，还可能追究“直接负责的主管人员和其他直接责任人”的刑事责任。例如，工程重大事故罪、生产销售伪劣产品罪、偷税罪、侵犯著作权罪、非法经营罪、雇用童工从事危重劳动罪等。司法实践通常均将法定代表人认定属于单位“直接负责的主管人员”，并据此判定法定代表人对公司的行为承担刑事责任。

生活中，常有人受朋友之托担任挂名法定代表人，实际上不参与公司的任何生产经营活动，会给自己带来极大的法律风险。因为挂名的法定代表人并不能实际控制和管理公司，但实际控制人通过公司名义做出的一些违法行为，却需要挂名法定代表人承担责任。即使挂名法定代表人与实际控制人之间有类似“公司实际由实际控制人经营和管理，挂名法定代表人不参与经营和管理，也不承担相应的责任”的约定，该约定也只在双方之间内部有效，对外并不具有法律效力，所以不要为了法定代表人的名头或贪图挂名法定代表人的报酬而身陷囹圄。

《中华人民共和国民法总则》

第六十二条　法定代表人因执行职务造成他人损害的，由法人承担民事责任。

法人承担民事责任后，依照法律或者法人章程的规定，可以向有过错的法定代表人追偿。

《中华人民共和国合同法》

第五十条　法人或者其他组织的法定代表人、负责人超越权限订立的合同，除相对人知道或者应当知道其超越权限的以外，该代表行为有效。

《中华人民共和国公司法》

第一百四十九条　董事、监事、高级管理人员执行公司职务时违反法律、行政法规或者公司章程的规定，给公司造成损失的，应当承担赔偿责任。

62. 老板将公司资金转到个人账户，存在哪些法律风险？

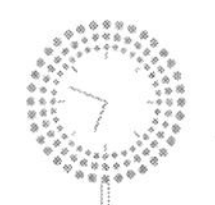

案例

李某经营自行车配件销售生意。章某、陈某是夫妻，两人共同成立了一家自行车公司，妻子陈某担任法定代表人，丈夫章某担任总经理。2013年7月，章某代表公司与李某签订了一份自行车配件采购合同，双方约定了付款方式和交货时间。其后，李某按照合同将首付款10万元汇入陈某个人账户，章某于当日确认收到该款项。随后，公司因故不能履行采购合同，但未将10万元首付款返还李某。在李某多次催讨下，章某于2014年2月以个人名义出具借条一份，并规定了还款期限。可是到期后章某仍然未偿付债务，于是，李某遂将该公司、章某及陈某诉至法院，要求公司偿还欠款及逾期利息。最终，法院判决章某、陈某对债务承担连带责任。

律师解答

在企业的日常运营中，很多股东不能将个人财产与公司财产区分开来，将个人账户作为公司资金的中转账户，随意从公司账户支取资金，或者以个人名义对外借款用于公司经营，给自己和公司都带来了很大的风险。

第一，民法上的责任。公司虽在法律上具有独立人格，但只有象征意义，实际是被股东控制，当公司与股东间发生财产混同时，就无法区别公司的责任和股东个人的责任。尤其是公司账簿与股东账簿不分或合一，公司的资本与股东财产之间经常出现非法转移、私吞，影响公司对外承担责任能力，这就属于滥用公司法人独立地位和股东有限责任，逃避债务，严重损害公司债权人利益。这种情况下，股东应对公司债务承担连带责任。

第二，税法上的责任。股东将公司账户上资金转入个人账户，按照税法的规定属于公司对股东个人的分红，应当缴纳20%的个人所得税。如果没有缴纳，就属于偷逃税款，税务部门除了追缴税款，还将依法予以处罚。

第三，刑法上的责任。如果将公司的钱挪为己用，不予归还，可能涉嫌职务侵占罪或挪用资金罪。

《中华人民共和国公司法》

第二十条　公司股东应当遵守法律、行政法规和公司章程，依法行使股东权利，不得滥用股东权利损害公司或者其他股东的利益；不得滥用公司法人独立地位和股东有限责任损害公司债权人的利益。

公司股东滥用股东权利给公司或者其他股东造成损失的，应当依法承担赔偿责任。

公司股东滥用公司法人独立地位和股东有限责任，逃避债务，严重损害公司债权人利益的，应当对公司债务承担连带责任。

第一百七十一条　公司除法定的会计账簿外，不得另立会计账簿。

对公司资产，不得以任何个人名义开立账户存储。

《中华人民共和国人民币银行存款账户结算管理办法》

第四十条 单位从其银行结算账户支付给个人银行结算账户的款项，每笔超过5万元的，应向其开户银行提供下列付款依据：

（一）代发工资协议和收款人清单。

（二）奖励证明。

（三）新闻出版、演出主办等单位与收款人签订的劳务合同或支付给个人款项的证明。

（四）证券公司、期货公司、信托投资公司、奖券发行或承销部门支付或退还给自然人款项的证明。

（五）债权或产权转让协议。

（六）借款合同。

（七）保险公司的证明。

（八）税收征管部门的证明。

（九）农、副、矿产品购销合同。

（十）其他合法款项的证明。

从单位银行结算账户支付给个人银行结算账户的款项应纳税的，税收代扣单位付款时应向其开户银行提供完税证明。

63. 公司违规召开股东会做出的决议是否一定无效?

案例

某投资公司有股东5人，股东甲欲对外转让其所持有的6%公司股份，他书面通知了其他3名股东，但没有通知股东乙。股东会形成了决议，同意甲将其股份转让给丙，并随后在工商局进行了股东变更登记。此后，乙以该股东会决议的召集程序违反公司章程为由向法院提起诉讼，要求法院撤销该股东会决议。法院审理后认为，甲对外转让的股份比例很小，已经进行了变更登记，且乙在案件审理过程中表示不愿意购买甲转让的股份，因此，法院驳回了乙的诉讼请求。

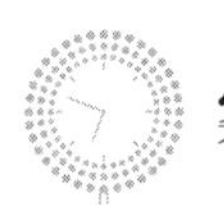

律师解答

股东会决议属于股东的意思表示，就如同自然人的意思表示一样，股东会决议也可能存在瑕疵，包括内容上的瑕疵和程序上的瑕疵。如果股东会的决议内容违反法律、行政法规的强制性规定，则属于无效决议，比如股东会作出决议抽逃公司注册资本、非法剥夺某股东权利、恶意逃避债务等；如果股东会的召集程序、表决方式违反法律、行政法规或者公司章程，或者决议内容违反公司章程的，则可请求法院撤销。

需要注意的是，如果是请求法院确认决议无效，不受诉讼时效的限制；

如果是请求撤销决议，必须在决议作出之日起60日内提起诉讼，超出该期限其撤销的请求将不受法律保护，而且该60日期限为不变期限，不因任何事由而中止、中断或者延长。

在司法实践中，是否判决撤销该类股东会决议由法官进行自由裁量，综合股东会决议的内容对其他股东的损害、股东起诉撤销股东会决议的时效性等因素进行判断，而非一定撤销决议。比如，案例中由于甲未通知乙，侵害了他作为股东的优先购买权。但在审理时乙表示不购买甲对外转让的股权，其股东优先购买权在实质上并未受到损害，再结合本次股权转让的比例太小、受让人已在工商局进行变更登记等因素，所以法院驳回了乙的诉讼请求。再比如，《中华人民共和国公司法》规定有限责任公司召开股东会会议应当提前15天通知全体股东。有的股东以晚了一两天收到通知为由要求撤销，但如果有证据表明，虽然未满足提前15天的通知要求，而股东通过其他渠道早已周知会议事宜，那么股东会会议正式通知虽然晚了一至数日，不至于影响股东的权利，法院仍会判决股东会决议有效。

《中华人民共和国公司法》

第二十二条　公司股东会或者股东大会、董事会的决议内容违反法律、行政法规的无效。

股东会或者股东大会、董事会的会议召集程序、表决方式违反法律、行政法规或者公司章程，或者决议内容违反公司章程的，股东可以自决议作出之日起六十日内，请求人民法院撤销。

股东依照前款规定提起诉讼的，人民法院可以应公司的请求，要求股东提供相应担保。

公司根据股东会或者股东大会、董事会决议已办理变更登记的，人民法院宣告该决议无效或者撤销该决议后，公司应当向公司登记机关申请撤销变更登记。

64. “驰名商标”能否用于广告宣传?

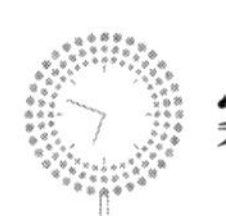

案例

某服饰公司的注册商标于2011年11月被国家工商总局认定为驰名商标。2014年12月至2015年9月28日期间，该公司在外地的分公司在其经营场所一楼门口上方自设的电子显示屏上发布含有“中国驰名商标”内容的广告。接到群众举报后，当地市场监督管理局对该分公司立案查处，并根据商标法对其作出责令改正、罚款10万元的行政处罚。

律师解答

在社会大众的理解中，一个商标知名度很高，达到了公众熟知的程度，有良好的信誉，消费者对它产生了一种信赖，就会被授予“驰名商标”。而法律上的“驰名商标”并非如此，实际上它是一个保护的制度，就是当特定的案件出现以后，一般的商标在相同的商品或者说有类似关系的商品上才有保护，而驰名商标由于其知名度高，如果在其他产品上看到和驰名商标相同或近似商标的时候，可能会产生混淆，所以法律给予“驰名商标”更大范围的保护。本质上，驰名商标认定的法律意义仅限于处理特定的纠纷，让在特定纠纷中的相关当事人依法获得特殊保护措施或待遇。驰名商标不是授予商标所有人或持有人或其产品或服务的荣誉称号，并不体现商品质量和品牌美誉度，与产品质量、品牌美誉度无关。

我国有资格认定驰名商标的只有三个机构：国家商标局、商标评审委员会和人民法院。商标局、商标评审委员会根据当事人的请求，在查明事实的基础上，依照法律的规定，认定其商标是否构成驰名商标。法院在审理商标纠纷案件中，根据当事人的请求和案件的具体情况，可以对涉及的注册商标是否驰名依法作出认定。我国对驰名商标的认定实行个案认定和被动认定，并不是像评选“中国名牌产品”那样面向大范围的商家进行普遍的集中的评选认定，所以驰名商标的认定仅具有个案效力，并没有普遍效力。

驰名商标的知名度越高，其法律给予其的受保护的范围越广，因此驰名商标延伸出了一种广告功能，这也激发了众多商家申请驰名商标的欲望。一些商家“剑走偏锋”，故意制造纠纷，以达到认定驰名商标的目的。因为很多企业误将驰名商标当作了一种荣誉称号，认为这个“称号”可以为企业的市场影响力加分，是一种很好的“广告”。

我们经常可以看到打着驰名商标名义的各种各样的商业广告，在市场竞争中，有些高知名度的商标被他人使用在不相同或不类似的商品或服务上，从而误导社会公众，使人误认为商标使用人与驰名商标所有人之间存在某种联系，这是一种“搭便车”的行为，令普通消费者难以分辨“驰名商标”的真伪及“含金量”。很多商家在做广告时将“中国驰名商标”作为一大卖点大肆吹嘘，这有悖于驰名商标的立法初衷。所以，2013年国家第三次修改商标法时，增加了禁止“驰名商标”用于广告宣传的规定。

根据规定，将“驰名商标”字样用于商品、商品包装或者容器上，其持有人应承担违法责任，由其住所地工商部门查处。住所地以外的工商部门发现违法行为的，移送其住所地工商部门查处。住所地不在中国境内或因管辖权发生争议的，由国家工商总局指定的工商部门查处。

法律依据

《中华人民共和国商标法》

第十四条第五款　生产、经营者不得将“驰名商标”字样用于商品、商品包装或者容器上，或者用于广告宣传、展览以及其他商业活动中。

第五十三条　违反本法第十四条第五款规定的，由地方工商行政管理部门责令改正，处十万元罚款。

65. 合同传真件与原件具有相同的法律效力吗?

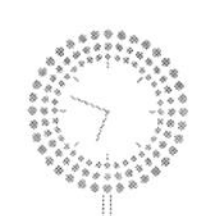

案例

甲公司向丁某公司定购了一批服装，价值100万元。双方没有订立正式书面合同，而是采取先由甲方在合同上盖章后传真到丁某，丁某盖章后再回传甲方的方式订立合同。合同约定交货期为2015年5月1日，逾期交货或无法交货支付合同标的额30%的违约金。丁某公司未能按时交货，甲公司向法院起诉，要求丁某公司支付违约金30万元。法院受理后发现，甲公司仅提供了合同传真件，并无其他证据材料，而丁某对双方间的合同关系则不予承认。

律师解答

由于传真具有方便、快捷的特点，目前很多企业采用这种方式签订合同。但凡事有利必有弊，虽然传真便利，但也存在一些法律风险。传真件虽然属于合同书面形式的一种，具有法律效力，但并不能等同于原件。

传真是一种将书面文件转化为电子数据再还原成书面文件的产物，其本身很容易通过技术手段进行伪造、变造。即使没有被伪造或变造，也可能因为传真机设备的问题导致传真件中的印章、签名失真。此外，传真件随着时间的推移或周围环境的变化可能存在字迹模糊不清、无法辨认的风险。因此，在司法实践中，法院不会接受传真件单独作为证据使用。比如在上面的案例中，丁某方对双方的合同关系不予承认，导致的结果就是甲方可能会因无法证明其和丁某方存在合同关系而败诉。

所以，如果要使合同传真件能够作为证据使用，必须向法院提交其他相关证据来印证传真合同的真实性。比如甲公司如果支付了预付款或定金，可以向法院出具已付款的银行水单，或者传真合同上对方的传真号码及接收记录、双方往来邮件、信函、QQ或微信的聊天记录、电话录音等，证明双方交易真实存在。

建议企业尽量不用且慎用传真方式签订合同，尤其是涉及公司重大事项的合同必须使用书面合同书的方式签订，对情况紧急需以传真签订的合同，最好及时采取证据补强的措施，比如事后对传真内容补签书面确认书，或直接在原传真件上重新签名盖章，变传真件为真正的原件。

《中华人民共和国合同法》

第十条　当事人订立合同，有书面形式、口头形式和其他形式。

法律、行政法规规定采用书面形式的，应当采用书面形式。当事人约定采用书面形式的，应当采用书面形式。

第十一条　书面形式是指合同书、信件和数据电文（包括电报、电传、传真、电子数据交换和电子邮件）等可以有形地表现所载内容的形式。

第三十三条　当事人采用信件、数据电文等形式订立合同的，可以在合同成立之前要求签订确认书。签订确认书时合同成立。

66. 员工自愿不交社保，用人单位就没风险了吗?

案例

2010年5月，冯某应聘到一家商贸公司从事销售工作，双方签订了劳动合同，同时提交了“因本人家庭和经济的原因，暂不交社保”的书面意见，单位因此一直没有给他缴纳相应的社会保险费。

2015年4月底，冯某因病休假，期间公司通知他去加班，但被他拒绝。不久，公司通知与他解除劳动关系。于是，冯某向当地劳动部门申请劳动仲裁，要求公司支付拖欠的6个月工资，并缴纳相应的社保，仲裁委支持了他的请求。

公司认为冯某自愿放弃缴纳社保，于是向法院提起诉讼，并当庭提交了冯某当年写的书面申请。法院审理认为：公司以员工做出书面承诺不要求缴纳社会保险费为由，不予缴纳社会保险费，其行为属于违法行为，应予纠正，单位不能以此为由拒绝为员工缴社保，最终判决公司支付冯某所欠工资18000元，并缴纳冯某工作期间的养老、医疗、失业保险费的企业缴纳部分，个人缴纳部分由冯某承担。

随着社会生活成本的增加，有的员工声称家里经济困难、小孩读书开销大等，主动要求用人单位不要为其缴纳社会保险。尤其是对于外来务工及一些流动性较强的工作岗位人员而言，由于目前我们国家社保异地转移比较困难，而且个人也要承担部分费用，所以希望公司协商将本应缴纳的社保金归入到工资内直接支付给员工自己。而且员工都会自愿写下承诺书，承诺因自身原因不购买社保，保证以后不会因社保的问题找公司的麻烦，因未买社保的责任由员工自行承担，与公司无关。这看起来似乎是一个两全其美的办法，对于员工来讲，可以多拿一部分工资；对于公司而言，节省了一笔不小的费用支出。

但是，社会保险属国家强制性法定义务，是不可免除、放弃的。公司将应当缴纳的社保费用直接支付给劳动者本人，即使是双方自愿，有员工的书面承诺书，因为违法了法律的强制性规定，也是一种无效的法律行为，其承诺不具备法律效力。作为无效协议，对公司及员工均没有法律约束力，而且还会给公司带来诸多不利的后果。

第一，员工投诉的风险。员工可以此为由解除劳动合同，并得到经济补偿。经济补偿按劳动者在本单位工作的年限，每满1年支付1个月工资的标准向劳动者支付。6个月以上不满1年的，按1年计算；不满6个月的，向劳动者支付半个月工资的经济补偿。如果用人单位拒绝支付，劳动者可以申请劳动仲裁，要求用人单位补缴尚未缴纳的社保费用，劳动仲裁委员会和法院一般会支持劳动者的请求。

第二，劳动部门行政处罚的风险。根据《中华人民共和国社会保险法》第86条的规定，用人单位未按时足额缴纳社会保险费的，责令限期缴纳或者补足，并自欠缴之日起，按日加收万分之五的滞纳金；逾期仍不缴纳的，处欠缴数额1倍以上3倍以下的罚款。

第三，工伤、医疗费承担的风险。即使劳动者确实是自愿放弃社会保险，用人单位仍不能豁免工伤、医疗费等赔偿责任。由于前期未能缴纳社会保险，劳动者发生重大工伤事故后，用人单位需承担的各种费用将更高。

法律依据

《中华人民共和国劳动法》

第七十二条　社会保险基金按照保险类型确定资金来源，逐步实行社会统筹。用人单位和劳动者必须依法参加社会保险，缴纳社会保险费。

《中华人民共和国劳动合同法》

第三十八条　用人单位有下列情形之一的，劳动者可以解除劳动合同：

（三）未依法为劳动者缴纳社会保险费的；

第四十六条　有下列情形之一的，用人单位应当向劳动者支付经济补偿：

（一）劳动者依照本法第三十八条规定解除劳动合同的；

第四十七条　经济补偿按劳动者在本单位工作的年限，每满一年支付一个月工资的标准向劳动者支付。六个月以上不满一年的，按一年计算；不满六个月的，向劳动者支付半个月工资的经济补偿。

劳动者月工资高于用人单位所在直辖市、设区的市级人民政府公布的本地区上年度职工月平均工资三倍的，向其支付经济补偿的标准按职工月平均工资三倍的数额支付，向其支付经济补偿的年限最高不超过十二年。

本条所称月工资是指劳动者在劳动合同解除或者终止前十二个月的平均工资。

《最高人民法院关于审理劳动争议案件适用法律若干问题的解释（三）》

第一条　劳动者以用人单位未为其办理社会保险手续，且社会保险经办机构不能补办导致其无法享受社会保险待遇为由，要求用人单位赔偿损失而发生争议的，人民法院应予受理。

67. 公司实行"末位淘汰制"合法吗?

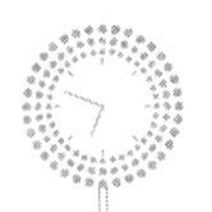

案例

2014年4月1日，小陈应聘到某网络公司担任研发工程师，双方签订无固定期限劳动合同。2015年7月6日，公司召开考核会议，开始每月实施绩效末位淘汰制，规定考核倒数第一的人员有两种选择，一是自己主动提出辞职，二是根据考评结果只拿50%的工资。第二个月公司召开员工大会，当场宣布考核结果，小陈位居最后一名，因此公司要求他主动辞职或自愿接受工资减半，但遭到小陈的拒绝。2015年7月12日，公司发布通告，以小陈违反公司规章制度为由，将其按自动离职处理。随后，小陈诉至法院要求支付违法解除劳动合同的赔偿金5万元。最终法院认定公司在未与小陈就考核事项、考核处理结果等内容充分协商的情况下，直接作出末位淘汰并按离职处理的决定，属违法解除劳动合同，应支付赔偿金。

律师解答

末位淘汰制是用人单位制定的一个考核标准，然后对员工进行考核，经过考核后将排名相对靠后的人员予以淘汰、辞退的一种管理方法。作为一种绩效管理方式，末位淘汰制可以在企业内部引入竞争机制，提高企业劳动生产率，因此被许多企业所采用。但是，目前在我们国家末位淘汰制尚未得到法律的明确认可，存在很大的法律风险。

一是用人单位可以通过民主程序制定合理的考核制度，实施对劳动者的管理权，如果在未经民主程序、未与劳动者协商一致的情况下实施考核，并进行“末位淘汰”就属于违法。

二是我国劳动法律规定的用人单位在合同未到期之前，提前解除劳动合同的情形并不包括末位淘汰。劳动者不能胜任工作，经过培训或者调整工作岗位，仍不能胜任工作的，用人单位可以提前解除劳动合同。如果发生劳动仲裁、诉讼，用人单位必须举证证明劳动者不能胜任工作，以及在劳动者能力不足时用人单位作出的培训或调整了工作岗位，不能仅仅因为劳动者的考核不合格而解除合同。因此，考核末位也并不等同于不能胜任工作，企业不能仅以“末位淘汰”为由单方解除合同，否则一旦进入诉讼，基本都是败诉。

所以，如果企业想实施末尾淘汰制，就必须做足“功课”，规避其中的法律风险。比如在制定考核制度时，应当征求员工意见，并且提前公示考核内容，同时公示考核数据，保障员工的知情权。对于业绩考核为末位，确实属于不能胜任工作的员工，用人单位可以安排该员工进行培训或调整该员工的岗位，取得员工本人同意培训或调岗的确认书。在下一次考核时，如果员工经过考核仍然不合格，用人单位可以依据《中华人民共和国劳动合同法》第40条的规定提前解除劳动合同，但要提前30天书面通知劳动者解除劳动合同或者额外支付劳动者1个月工资后解除合同，并支付相应的经济补偿金。

法律依据

《中华人民共和国劳动合同法》

第四十条　有下列情形之一的，用人单位提前三十日以书面形式通知劳动者本人或者额外支付劳动者一个月工资后，可以解除劳动合同：

（二）劳动者不能胜任工作，经过培训或者调整工作岗位，仍不能胜任工作的；

68. 公司开具的离职证明有什么用？

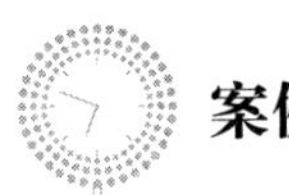

案例

2013年5月，纪某入职某科技公司担任采购经理，双方签订了劳动合同，月工资为6000元。2015年9月14日，双方解除劳动合同。9月底，纪某应聘到一家食品公司担任供销经理，月工资10000元，食品公司向其出具了录用通知书，要求纪某携带原单位离职证明等相关资料尽早办理入职手续。于是纪某联系科技公司索要离职证明，但该公司一直拖延，直到11月底才出具了离职证明。当纪某携带离职证明到食品公司报到时，却被告知由于他迟迟未能提交入职材料，公司已录取他人。纪某认为科技公司未及时向其出具离职证明，导致其失去了就职高薪职位的机会，于是将科技公司起诉至法院，要求赔偿2个月的工资损失20000元。法院审理后认为，科技公司没有及时出具离职证明对纪某的再就业有一定影响，但这并非导致纪某丢失新的工作机会的唯一原因。最终，法院以纪某离职前的收入水平，判决科技公司赔偿纪某12000元。

律师解答

解除或终止劳动合同，用人单位应当为劳动者出具解除或终止劳动合同的证明，即通常说的“离职证明”。它是用人单位和劳动者之间已经不存在劳动关系的凭证，可以证明员工离职是按照正常手续办理的，其与原单位对此没有纠纷，同时也间接证明了离职员工在原单位的相关工作经验，有利于再次应聘。

《中华人民共和国劳动合同法》规定，用人单位招用尚未解除劳动合同的劳动者，对原用人单位造成经济损失的，该用人单位应当依法承担连带赔偿责任。因此，为了避免用工风险，很多用人单位在劳动者入职时要求劳动者提供原用人单位出具的解除或者终止劳动合同证明，这样，劳动者才能获得和新单位签约的机会。此外，离职员工要转出人事关系、续接社会保险、申请失业金等，离职证明是必不可少的证明材料。

离职证明由职工离职的单位开具，需写明离职员工与本单位的劳动合同期限、解除或者终止劳动合同的日期、工作岗位、在本单位的工作年限等信息，并且加盖单位公章。需要注意的是，如果是被公司辞退或开除的员工，不用开具离职证明，公司可以为其出具开除证明书。

为离职员工开具离职证明，是单位的法定义务。离职时，如果单位没有主动开具离职证明书，员工可以主动向其人力资源部门索要，单位不能拒绝。实践中，时常会发生用人单位拒绝开具离职证明故意刁难劳动者的情况，这种做法违反了劳动合同解除或终止后的附随义务，如果给劳动者造成损害，应当承担赔偿责任。

通常情况下，用人单位会要求劳动者进行工作交接完成后再出具离职证明，但如果遇到恶意不交接却一味要求开具离职证明的劳动者，用人单位可以在开具的离职证明上注明“该员工与本公司尚未交接完毕”，这样他就无法再次应聘，因为新的用人单位不会招用尚未交接完毕的劳动者。如果用人单位将解除劳动合同的理由写入离职证明之中，劳动者应当看清楚其中是否有不利于自己的措辞，比如存在严重违纪、失职、徇私舞弊、给用人单位造成重大损失等，如果与事实不符，劳动者有权拒绝接受，并要求用人单位按照真实情况重新出具离职证明。

《中华人民共和国劳动合同法》

第五十条　用人单位应当在解除或者终止劳动合同时出具解除或者终止劳动合同的证明，并在十五日内为劳动者办理档案和社会保险关系转移手续。

劳动者应当按照双方约定，办理工作交接。用人单位依照本法有关规定应当向劳动者支付经济补偿的，在办理工作交接时支付。

用人单位对已经解除或者终止的劳动合同的文本，至少保存二年备查。

第八十九条　用人单位违反本法规定未向劳动者出具解除或者终止劳动合同的书面证明，由劳动行政部门责令改正；给劳动者造成损害的，应当承担赔偿责任。

69. 试用期内公司可以辞退怀孕女员工吗?

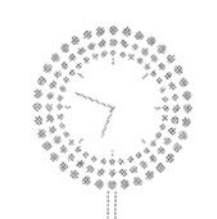

案例

张女士于2013年1月21日进入某广告公司从事文案策划工作，双方签订为期3年的书面劳动合同，约定试用期为3个月，试用期月工资为2500元，张女士入职后，在工作表现中一直很出色。然而，试用期未满，张女士经医院检查发现怀孕了。得知该消息后，部门经理找她谈话，借故说她最近工作状态不佳，没有达到公司的预期，并以在试用期内可以随时解除劳动关系为由将其辞退。为了维护自己的合法权益，张女士申请了劳动仲裁，要求恢复与公司的劳动关系，并支付经济赔偿金5000元。劳动仲裁委员会支持了张女士的请求，广告公司不服提起向法院提起诉讼，经法院调解，双方达成调解协议，公司向张女士支付6000元，双方的劳动关系解除。

律师解答

在职场上，女性因为怀孕、照顾孩子耗费精力，常常处于弱势地位。为此，我国出台了许多法律，比如《中华人民共和国劳动法》《中华人民共和国女职工劳动保护规定》《中华人民共和国妇女权益保障法》《中华人民共和国劳动合同法》等保护女性在孕期、产期、哺乳期的权益。

《中华人民共和国劳动合同法》第42条第4款规定“女职工在孕期、产期、哺乳期的，用人单位不得依照本法第40条、第41条的规定解除劳动合同。”第39规定：劳动者在试用期间被证明不符合录用条件的，可以解除劳动合同。从中可以看出，法律并不禁止用人单位依据《中华人民共和国劳动合同法》第39条解除怀孕女职工的劳动合同，所以怀孕期间准妈妈的法律“护身符”并非万能。

试用期是在劳动合同的期限内用人单位与劳动者为相互了解对方而约定的考察期。如果用人单位在劳动者试用期间证明其不符合录用条件，即使她在孕期、产期、哺乳期，仍然可以解除劳动合同，并且不需要支付经济补偿金。当然用人单位的录用条件必须合法有效，并且告知劳动者。

用人单位在试用期解除劳动合同必须有证据、有理由，并且承担举证责任，否则需承担违法解除后果。公司在录取时就应当明确告知劳动者录用条件，并且要加强考核管理，对于试用期间的表现进行记录与评价，发现不符合录用条件的，要通知员工，最好采用书面形式告知其解除的理由。

法律依据

《中华人民共和国劳动合同法》

第二十一条　在试用期中，除劳动者有本法第三十九条和第四十条第一项、第二项规定的情形外，用人单位不得解除劳动合同。用人单位在试用期解除劳动合同的，应当向劳动者说明理由。

第三十九条　劳动者有下列情形之一的，用人单位可以解除劳动合同：

（一）在试用期间被证明不符合录用条件的；

第四十二条　劳动者有下列情形之一的，用人单位不得依照本法第四十条、第四十一条的规定解除劳动合同：

（四）女职工在孕期、产期、哺乳期的；

70. 是否属于加班，谁说了算?

案例

2014年5月21日杨某应聘到某置业公司工作，双方签订了为期3年的劳动合同。2015年6月27日，杨某离职。之后，杨某向法院提起诉讼，称工作时其在休息日、法定节假日工作，要求公司支付加班工资3万元。但公司对加班情况予以否认，向法院提供了2014年5月至2015年6月的考勤表，考勤表记载原告休息日、法定节假日已休。杨某对考勤表不予认可，并提供了电子邮件和QQ记录，内容显示杨某在休息日、法定节假日收发工作电子邮件，为该公司工作。法院经审理认为，原告杨某提供的电子邮件和QQ记录能够反映出其在休息日、法定节假日存在加班工作情况，但无法说明加班时间的长短，所以酌情判决公司向杨某支付加班工资1万元。

律师解答

因加班和加班工资引发的纠纷历来是用人单位和劳动者之间发生的主要劳动争议纠纷。加班分为工作日延长工作时间加班、休息日加班和法定节假日加班。根据我国劳动法的规定，具体的加班费标准为：一是工作日安排劳动者延长工作时间的，支付不低于工资的150%的工资报酬；二是休息日安排劳动者工作又不能安排补休的，支付不低于工资的200%的工资报酬；三是法定休假日安排劳动者工作的，支付不低于工资的300%的工资报酬。

加班一般发生在标准工时制下，根据标准工时制，劳动者每天工作的最长工时为8小时，每周最长工时为40小时。如果是综合计算工时制，计算工作时间的周期不再以天为单位，而是可以周、月、季、年为单位，在综合计算周期内，某一具体日（或周）的实际工作时间可以超过8小时（或40小时），但综合计算周期内的总实际工作时间不能超过总法定标准工作时间，否则就要支付加班费。如果是不定时工作制，即劳动者每一个工作日没有固定的上下班时间限制，一般情况下，除法定节假日工作外，其他时间工作不存在加班。

用人单位的安排，是认定加班的关键因素，即由用人单位安排加班的，用人单位才应支付加班工资。一般情况下，公司的规章制度中都会规定加班需要一个审批手续，加班必要，公司也认可的可以算加班。如果是劳动者自愿性的延长工作时间，不属于法定意义上的加班，用人单位并没有支付加班费的义务。

按照《中华人民共和国民事诉讼法》规定的“谁主张，谁举证”的规则，劳动者主张加班费，应当对加班事实承担举证责任。但是，在很多公司加班采用口头通知的形式，缺少书面证据，是否加班往往体现在工资、打卡记录、工作记录等情况中，然而这些证据往往保存在用人单位，劳动者很难获得，存在举证困难的问题。所以，一般情况下，只要劳动者提供诸如考勤表、加班通知、工资条、交接班记录、证人证言等证据，证明有加班的事实，一般就能获得法院的支持。如果加班的证据掌握在用人单位手中，用人单位不提供的，就要承担败诉的后果。

法律依据

《最高人民法院关于审理劳动争议案件适用法律若干问题的解释（三）》

第九条 劳动者主张加班费的，应当就加班事实的存在承担举证责任。但劳动者有证据证明用人单位掌握加班事实存在的证据，用人单位不提供的，由用人单位承担不利后果。

71. 怀孕期间劳动合同到期，公司能否不予续签?

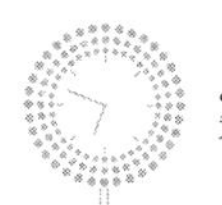

案例

2011年4月5日，王女士开始到某服装公司工作，双方订立了2年期限劳动合同。2012年10月，王女士怀孕。2013年4月4日，王女士劳动合同期满，公司以劳动合同期满不再续签合同为由，终止了她的劳动合同。但王女士认为，自己尚在怀孕期间，公司不应终止劳动合同。4月底，王女士向当地劳动人事争议仲裁部门提出申请，要求顺延劳动合同。仲裁部门审理后认为，王女士与公司签订的劳动合同于2013年4月4日期满，按照《劳动合同法》的规定，劳动合同应当续延至相应的情形消失时终止，而公司的行为明显违反上述规定，应当承担相应的法律责任。经仲裁人员向用人单位负责人解释法律条文，单位最终同意顺延劳动合同。

律师解答

为了保障妇女的劳动权利，我国劳动法给予女职工特殊的劳动权利保护，尤其是针对女职工生理机能的变化，在女职工孕期、产期和哺乳期间，除非具备严重违反用人单位规章制度，严重失职给用人单位造成重大损害以及被依法追究刑事责任等自身有重大过错的法定情形，用人单位不得解除劳动合同。为防止用人单位变相损害女职工的合法权益，《中华人民共和国劳动合同法》还特别规定：劳动合同期满，处于孕期、产期、哺乳期的女职工的劳动合同应当续延至相应的情形消失时终止。

如果用人单位擅自解除劳动合同，那么劳动者有权要求用人单位支付违法终止劳动合同赔偿金，赔偿金标准为每工作一年支付2个月工资作为赔偿金，以女职工离职前12个月的平均工资计算月工资标准，或者选择仲裁及诉讼，要求撤销用人单位的终止劳动合同决定、恢复劳动关系、补发工资。

对于用人单位而言，有两种选择：如果怀孕期间劳动合同到期了，公司可以与女职工续签劳动合同，以后就执行新劳动合同；公司也可以不续签劳动合同，但是原劳动合同不会终止，将自动续延至哺乳期届满，工资待遇按原劳动合同执行，确保女职工享受到“三期”的特殊待遇。用人单位在劳动合同到期并发生自动顺延情形时，建议制作《劳动合同顺延登记表》《劳动合同期限顺延通知书》等文件，由用人单位与劳动者书面确认劳动合同期限自动顺延的事实依据、法律依据、截止日期等内容，有效防范因劳动合同自动顺延发生的劳动争议。

顺延结束后，公司仍然有两种选择：一是等到哺乳期结束后再决定是否和女职工续签劳动合同，二是劳动合同到期后和女职工终止劳动关系。对女职工而言，她们更愿意选择续签，因为这样可以计算合同签订次数，如果连续两次签订了固定期限劳动合同，那么第三次签订时就可要求与公司签订无固定期限合同。

《中华人民共和国劳动合同法》

第四十二条　劳动者有下列情形之一的，用人单位不得依照本法第四十条、第四十一条的规定解除劳动合同：

（四）女职工在孕期、产期、哺乳期的；

第四十五条　劳动合同期满，有本法第四十二条规定情形之一的，劳动合同应当续延至相应的情形消失时终止。但是，本法第四十二条第二项规定丧失或者部分丧失劳动能力劳动者的劳动合同的终止，按照国家有关工伤保险的规定执行。

Part 6

诉讼与仲裁

72. 老赖的唯一住房不会被执行吗?

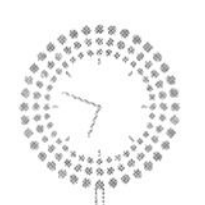

案例

孙某驾车在一处人行横道上碰撞了过马路的邹某，造成60多岁的邹某受伤住院，交警认定，孙某负全责。之后，邹某两次提起诉讼，要求孙某支付治疗费、护理费、残疾赔偿金等各项费用。经历了一审、二审，法院依法判决孙某赔付50多万元。邹某依法申请立案执行后，孙某有住房一套，有履行能力而拒不履行，法院对其实施司法拘留15日。法院公告告知孙某自行腾出住房，但其仍然不予配合，于是法院执行人员在公证处的公证下依法强制腾退孙某的住房，并加贴封条。法院启动拍卖程序，将房屋拍卖了70多万元，随后法院从差额款中预留20万元作为保障被执行人孙某的生活费用，剩余的款项支付给了邹某。

律师解答

在以前，法院出于维稳考虑，对被执行人唯一住房的处理非常慎重，但也导致执行案件有可能处于停滞状态，申请执行人的债权不能及时收回，社会各界对此反应强烈。唯一住房似乎成为不良债务人逃避法律责任的“尚方宝剑”。很多债务人住着豪华宽敞的大房子，却不偿还债务，以唯一住房，叫嚣法院执行。更有一些债务人对外大量举债后，在知道将被诉讼或已经诉讼后出售自己的其他房屋，但在执行时其又以“仅有一套房屋”为由抗辩法院执行。

但从2015年5月5日起施行的《最高人民法院关于人民法院办理执行异议和复议案件若干问题的规定》明确了一套住房也是可以执行的，国家只保障被执行人的居住权，并非房屋所有权，不能把被执行人的社会保障义务转嫁给申请执行人来承担，杜绝以保障生存权为由逃避债务执行。

目前，各地法院涉及“唯一住房”的执行过程中理解仍有差异，江苏省高院就对相关问题进行了细化，比如在如何认定 “唯一住房”是否超出“生活所必需”的问题上，原则上可以参考两个标准：一是面积过大，即住房建筑面积达到当地住房和城乡建设部门公布的廉租住房保障面积的150%；二是市场价值过高，即住房建筑面积达到当地住房和城乡建设部门公布的廉租住房保障面积且房屋单价达到当地（县级市、县、区范围）住房均价的150%。

法律依据

《最高人民法院关于人民法院办理执行异议和复议案件若干问题的规定》

第二十条　金钱债权执行中，符合下列情形之一，被执行人以执行标的系本人及所扶养家属维持生活必需的居住房屋为由提出异议的，人民法院不予支持：

（一）对被执行人有扶养义务的人名下有其他能够维持生活必需的居住房屋的；

（二）执行依据生效后，被执行人为逃避债务转让其名下其他房屋的；

（三）申请执行人按照当地廉租住房保障面积标准为被执行人及所扶养家属提供居住房屋，或者同意参照当地房屋租赁市场平均租金标准从该房屋的变价款中扣除五至八年租金的。

执行依据确定被执行人交付居住的房屋，自执行通知送达之日起，已经给予三个月的宽限期，被执行人以该房屋系本人及所扶养家属维持生活的必需品为由提出异议的，人民法院不予支持。

73. 个人能否为他人提供有偿法律服务?

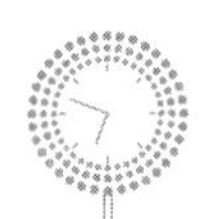

案例

2014年，李女士与工作单位发生劳动争议，找到了有维权经验的刘先生，并签订了维权协议，约定由刘先生为其提供劳动争议案件策划、咨询，李女士支付案件执行到手金额的30%。通过刘先生的努力，在法院审理过程中，李女士与工作单位和解，领取了4万元赔偿金。之后，李女士仅同意支付3000元作为维权费用。因此，刘先生向法院提起诉讼，要求李女士按照约定支付维权费用12000元并承担本案诉讼费。法院审理认为，依据相关文件精神，未经司法行政机关批准的公民个人与他人签订的有偿法律服务合同，法院不予保护；但对于受托人为提供服务实际发生的差旅等合法费用，法院可以根据当事人的请求给予支持。考虑到刘先生确实履行了维权协议约定的义务，付出了劳务，产生了一定的实际支出，李女士从刘先生的代理行为中实际获得了法律服务，最终判定李女士给付刘先生5000元。

公民担任代理人或辩护人一般有三种情况：一是自愿无偿帮助，大多是当事人的亲友，出于自愿，不收取报酬；二是出于工作任务，多由所在单位指派

或委托；三是出于营利目的，一般以当事人亲友的名义参加诉讼，并收取一定的代理报酬。

公民代理人参与诉讼，为当事人提供了法律服务，解决社会纠纷，在当事人自愿的前提下，收取一定的劳动报酬是合情合理的，尤其是在不发达地区，律师人数较少，老百姓收入较低，所以公民代理是非常有必要的。但是，社会上一些人将这种公民代理变成了一种职业，他们往往被称为“黑律师”，即不具备律师执业资格而非法揽讼的人，也包括一些在法律咨询公司和信息咨询公司非法招揽代理诉讼业务的人。

由于当事人普遍缺乏相关法律知识，无法辨别代理人是否有合法资质，“黑律师”往往又以律师名义自居，误导当事人，不去解释公民代理和律师代理之间的区别。而且为招揽生意，进行风险代理，盲目向当事人承诺，同时在司法机关，以当事人的朋友或亲戚身份出庭，很少表明自己法律服务工作者的事实，这违背了公民代理的无偿性、非职业性。

公民代理人不是法律专业人员，没有专门的法律执业经历，在诉讼活动中容易发生因专业能力的欠缺而损害当事人合法权益的情况。比如，原本可以胜诉或者部分胜诉的案件最终没有得到法律支持，而且缺乏职业道德的约束，为了多赚取代理费而拒绝调解，挑唆当事人信访、缠讼，造成当事人无端的经济损失和讼累，甚至持伪造律师证件代理诉讼业务。

所以当事人在选择法律服务时应尽量选取正规的律师事务所，不要贪图便宜，打官司主要看证据，切不可被“黑律师”鼓吹其有高超的诉讼技巧、有熟人在法院等谎话所蒙蔽。在委托律师时，一定要求对方出示律师执业资格证，也可以根据律师执业证号码到当地司法局的官方网站上查询其真伪。另外，要签订正式的法律服务合同，正规律师收费会给当事人开具正规发票，“黑律师”一般只会以咨询费的名义出具收据、白条。

法律依据

《中华人民共和国律师法》

第十三条　没有取得律师执业证书的人员，不得以律师名义从事法律服务业务；除法律另有规定外，不得从事诉讼代理或者辩护业务。

第五十五条　没有取得律师执业证书的人员以律师名义从事法律服务业务的，由所在地的县级以上地方人民政府司法行政部门责令停止非法执业，没收违法所得，处违法所得一倍以上五倍以下的罚款。

《中华人民共和国民事诉讼法》

第五十八条　当事人、法定代理人可以委托一至二人作为诉讼代理人。

下列人员可以被委托为诉讼代理人：

（一）律师、基层法律服务工作者；

（二）当事人的近亲属或者工作人员；

（三）当事人所在社区、单位以及有关社会团体推荐的公民。

74. 打官司时，QQ、微信聊天记录能否作为证据使用?

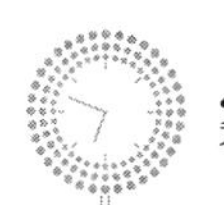

案例

崔某是石材厂的法定代表人，古某欠其货款10万元，经多次催要，古某一直未还。2015年4月，古某向崔某写了张欠条，同意除石材款外额外给付利息1万元。可是很快古某便音信杳无，崔某无法联系上他。之后，崔某通过微信联系到古某要求其还款，古某在微信上向崔某道歉并答应还石材款及1万元利息，但至今未还。无奈，崔某将古某告上法庭。法院审理认为被告古某书写的欠条与双方之间的微信内容相互吻合，能证明其拖欠崔某货款及利息的事实。最终，法院根据原告崔某提供的微信聊天记录，判决被告古某支付所欠原告的10万元货款及1万元利息。

律师解答

现在，QQ、微信因其便捷高效和强大的功能已逐步取代手机通话和短信功能，成为人们在日常生活中主要的沟通交流途径。那么QQ、微信的聊天记录能否作为证据使用呢？网聊记录属于电子证据的范畴，但是要获得法院的认可，也要同其他证据一样，符合证据的“三性”，即关联性、客观性、合法性。

一是网聊软件使用人的身份问题。即使用QQ、微信的人是不是现实中的聊天人，聊天内容是否为其所发，是否具备诉讼主体资格。网上聊天是以虚拟身份进行，相比于手机短信，QQ、微信等聊天记录因不是实名登记，所以需要举证证明微信使用人就是当事人本人。在案件审理中，由法官通过微信头像或微信相册照片的辨认，有的对方当事人会自认；法院也可以向第三方机构即软件供应商腾讯公司进行调查。

二是QQ、微信聊天记录的真实性问题。即聊天记录必须是原始、完整和未经删除篡改的，因为QQ、微信证据为生活化的片段式记录，如不完整可能断章取义，也不能反映当事人完整的真实意思表示。电子数据容易被编辑修改，很难保证聊天记录的真实性。所以在诉讼的过程中，除了QQ、微信聊天记录，当事人必须提供其他证据予以佐证，形成完整的证据链证明自己的主张，法官一般会结合当事人的当庭陈述及其他书面证据等综合判断电子证据的真实性和完整性。

所以，在生活中要学会使用QQ、微信中的“收藏”功能，保存原始的聊天记录，备份有用的语音记录，以备不时之需。此外，可以申请公证机关公证，在公证处的保全专业计算机上完成聊天记录保全，提高证明效力。

法律依据

《最高人民法院关于适用〈中华人民共和国民事诉讼法〉的解释》

第一百一十六条　视听资料包括录音资料和影像资料。

电子数据是指通过电子邮件、电子数据交换、网上聊天记录、博客、微博客、手机短信、电子签名、域名等形成或者存储在电子介质中的信息。

存储在电子介质中的录音资料和影像资料，适用电子数据的规定。

75. 哪些情况下可以向法院申请在判决前先予执行?

案例

2010年6月29日，肖某在过马路时与金某驾驶的一辆大货车相撞，造成肖某肢体偏瘫，被送进医院进行抢救。由于肖某家庭经济困难，面对巨额医疗费，已是债台高筑，无以为继。8月2日，肖某家人向法院提起诉讼，同时申请先予执行10万元用于治疗。法院受理该案后，执行法官了解到肇事车辆于2010年3月20日投保了最高额为10万元的第三者责任险，于是迅速作出准予先予执行保险公司5万元的民事裁定，并于8月17日将保险公司的款项执行到位。同时，执行法官在房管部门发现被告金某在3月份有房屋出售记录，但金某予以否认。于是，法官将其拘传至法院，要求其说明房屋出售款的流向，金某见无法抵赖，只好将剩余的5万元先予执行款交至法院。执行法官将先予执行款10万元执行到位后，立即于8月22日下午将此款及时送到正在医院接受治疗的肖某手中，缓解了其燃眉之急。

律师解答

先予执行是指法院在受理案件后终审判决作出前，为了权利人生活或者生产经营的急需，法院裁定义务人预先给付权利人一定数额的金钱或者财物的措施。先予执行着眼于满足权利人的迫切需要，所以一般适用于追索赡养费、扶养费、抚育费、抚恤金、医疗费用、劳动报酬等案件。所以，先予执行是拿到救命钱的一个有效方法。

为避免损害被申请方当事人的利益，避免给法院判决的执行带来不必要的争议，先予执行必须符合一定的条件：首先，申请人确有困难并提出申请；其次，当事人之间权利义务关系明确；再次，被申请人有履行能力；最后，仅限于当事人诉讼请求的范围，以当事人的生活、生产经营的急需为限。

在裁定先予执行前，法院可以责令申请人提供担保，申请人不提供担保的，驳回申请。申请人胜诉时，先予执行的部分可以在判决中冲抵。但申请人败诉时，申请人就要返还被申请人先予执行的部分，而且因先予执行给被申请人造成财产损失的，申请人应当予以赔偿。如果申请人提供了担保，可以用担保的财产予以赔偿。但并非所有的案件都要求申请人提供担保，因为先予执行本来就是申请人的生活或者生产经营遇到严重困难的紧急情况下采取的一种措施，如果还要求申请人提供财产担保，往往难以办到，等于雪上加霜，增加了申请人的困难，因此，对那些追索赡养费、扶养费、抚育费、抚恤金、医疗费以及劳动报酬的案件，法院一般不要求原告提供担保。

《中华人民共和国民事诉讼法》

第一百零六条　人民法院对下列案件，根据当事人的申请，可以裁定先予执行：

（一）追索赡养费、扶养费、抚育费、抚恤金、医疗费用的；

（二）追索劳动报酬的；

（三）因情况紧急需要先予执行的。

《最高人民法院关于适用〈中华人民共和国民事诉讼法〉的解释》

第一百七十条　民事诉讼法第一百零六条第三项规定的情况紧急，包括：

（一）需要立即停止侵害、排除妨碍的；

（二）需要立即制止某项行为的；

（三）追索恢复生产、经营急需的保险理赔费的；

（四）需要立即返还社会保险金、社会救助资金的；

（五）不立即返还款项，将严重影响权利人生活和生产经营的。

76. 打官司的诉讼费和律师费，能否由败诉一方承担?

案例

2013年1月13日，被告蔡某因购房资金不足向原告某银行申请贷款300万元，贷款期限20年，原告（贷款人）、被告（借款人）和开发商某房地产公司（保证人）订立了《个人住房贷款合同》，合同中约定:“除依法另行确定或当事人另有约定外，因本合同订立、履行及争议解决发生的费用（包括律师费、催收短信费、资产评估及处置费、鉴定费、公告费等）由借款人承担。”原告按合同约定足额发放了全部贷款，但被告只偿还了2013年2月至2015年5月的到期贷款本息。蔡某从2015年6月1日以后再未向原告偿还贷款本息，原告多次催收还款，但被告不予理会。于是银行将蔡某诉至法院，要求法院判令解除与被告签订的《个人住房贷款合同》，由被告偿还尚欠原告贷款本息及律师费2万元。法院经过审理，支持了原告解除合同及偿还贷款本息的请求，此外，由于合同中约定因争议发生费用由借款人承担，故某银行要求被告承担银行维权的律师费合理，也予以支持。

律师解答

打官司就要产生费用，主要包括两个方面，一是向法院缴纳的各种诉讼费用；二是聘请律师所支出的律师费。下面就分别说一说这两种费用的负担问题。

首先是诉讼费用，包括案件受理费，各种申请费，以及证人、鉴定人、翻译人员、理算人员在人民法院指定日期出庭发生的交通费、住宿费、生活费和误工补贴。原则上诉讼费用由败诉方负担，这是通行的规则，也是常识。因案件性质的不同，诉讼结果有的有胜败诉之分，也有无胜败诉之分的案件，所以败诉方承担诉讼费原则也会存在一些例外情况。如离婚案件，无论是判决离婚，还是判决不离婚，无胜败诉之分，因此，《诉讼费用交纳办法》规定，离婚案件诉讼费用的负担由双方当事人协商解决，协商不成的，法院才决定。再比如执行申请费的承担，被执行人承担申请费不是败诉，而是因自己过错没有履行判决书确定的义务。

再说说律师费。一般来讲，由于律师是当事人一方自己委托其提供法律服务的，所以由聘请的一方承担律师费。但是在一些案件中，即使胜诉方仍然需要承担律师费，败诉方可能会滥用诉权来拖延诉讼，还会造成有理者因诉讼费用和律师费用过高以及长时间的拖延而被迫接受对方的无理要求。依据我国现行相关司法解释，在以下几类案件中，败诉方应承担合理的诉讼费：（1）人身损害赔偿、名誉侵权、交通肇事案件；（2）法律援助案件；（3）著作权侵权案件；（4）商标权侵权案件；（5）专利侵权案件；（6）反不正当竞争案件；（7）合同纠纷中债权人行使撤销权案件；（8）担保权诉讼案件；（9）仲裁案件。胜诉方的律师费由败诉方承担，原理就同诉讼费由败诉方承担一样，是对过错方的一种延伸惩罚，是对无辜受害者的一种应有的保障。2016年9月12日，最高人民法院发布了《关于进一步推进案件繁简分流优化司法资源配置的若干意见》，为引导当事人诚信理性诉讼，打击虚假诉讼、恶意诉讼等非诚信诉讼行为，其中第22条明确规定，当事人存在滥用诉讼权利、拖延承担诉讼义务等明显不当行为，造成诉讼对方或第三人直接损失的，法院可以根据具体情况对无过错方依法提出的赔偿合理的律师费用等正当要求予以支持，通俗讲就是律师费由败诉方承担。

此外，在签订合同时，双方当事人在合同中明确约定诉讼费由败诉方承担，这样的话，关于诉讼费的诉讼请求一般都会得到法院的支持。需要注意的是，在起草合同时，应当明确写明“诉讼费”“律师费”以及承担的方式和标准，并将其列入违约赔偿内容之中。律师费是因为对方违约而造成的实际损失，也是原告提起诉讼的必要支出，完全在合同订立时的可预见范围限度之内，依法理应赔偿。

当然，并非胜诉方所有的律师费都会得到法官的支持，法院会支持“合理”的诉讼费用，而并非全部的费用。法院会要求当事人提交诉讼费支付的证据，包括律师事务所签订的委托合同以及律师事务所开具的诉讼费发票，至于支持的具体数量，则由法官根据案件性质酌情决定。比如，有的案件律师采用风险代理，胜诉后收取的律师费非常高，法官不可能全部支持，而是会参照行业平均价或参考价标准计算，对于超出部分，作为当事人自愿超过标准给付律师的给付对价处理。

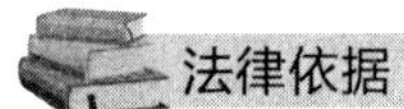

法律依据

《诉讼费用交纳办法》

第二十九条　诉讼费用由败诉方负担，胜诉方自愿承担的除外。

部分胜诉、部分败诉的，人民法院根据案件的具体情况决定当事人各自负担的诉讼费用数额。

共同诉讼当事人败诉的，人民法院根据其对诉讼标的的利害关系，决定当事人各自负担的诉讼费用数额。

《最高人民法院关于审理著作权民事纠纷案件适用法律若干问题的解释》

第二十六条　著作权法第四十八条第一款规定的制止侵权行为所支付的合理开支，包括权利人或者委托代理人对侵权行为进行调查、取证的合理费用。

人民法院根据当事人的诉讼请求和具体案情，可以将符合国家有关部门规定的律师费用计算在赔偿范围内。

77. 法院调解可以不出具调解书吗?

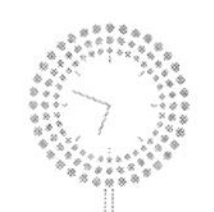

案例

2014年8月9日，被告邱某向原告周某借3万元，并写有借条，借款期限两年半，定于2016年2月10日归还。到期后，经原告周某多次催要，被告邱某均找借口拖延。原告周某为保护自己的合法权利，向法院提起诉讼，要求被告邱某偿还借款3万元及同期银行贷款利息。经法院主持调解，原被告双方达成协议：被告邱某当庭赔还原告周某的借款及利息2650元。庭审中，主审法官根据《中华人民共和国民事诉讼法》第98条的“能够即时履行的案件”，可以不制作调解书的规定，告知原告、被告双方达成协议已记录在案，不再制作调解书。

律师解答

调解是法院审理民事纠纷案件中一项重要的诉讼程序，也是法院处理民事案件的一种重要方法。法院既可以在立案后组织调解，也可以在开庭前调解，还可以在庭审结束前调解。按照《中华人民共和国民事诉讼法》第97条的规定，当事人达成协议的，法院制作的调解书送达双方当事人签收后，即具有与判决书同等的法律效力。调解书既是当事人协商结果的记录，又是法院予以批准的证明，也是当事人遵照执行的根据。

根据《中华人民共和国民事诉讼法》的规定，不是所有的案件都必须制作调解书。当事人在一审中达成调解协议的，对于调解不离婚、维持收养关系、即时履行和当事人不要求制作调解书的，可以不制作调解书。对不制作调解书的协议，应当记入笔录，由双方当事人、审判人员和书记员签名后，即具有法律效力。但是在二审和再审中，当事人达成协议后，应当制作调解书，原因是涉及原审判决的效力问题。

此外，根据《最高人民法院关于适用〈中华人民共和国民事诉讼法〉的解释》的规定，当事人各方同意在调解协议上签名或者盖章后即发生法律效力的，经人民法院审查确认后，应当记入笔录或者将调解协议附卷，并由当事人、审判人员、书记员签名或者盖章后即具有法律效力。前款规定情形，当事人请求制作调解书的，人民法院审查确认后可以制作调解书送交当事人。当事人拒收调解书的，不影响调解协议的效力。

《中华人民共和国民事诉讼法》

第九十八条　下列案件调解达成协议，人民法院可以不制作调解书：

（一）调解和好的离婚案件；

（二）调解维持收养关系的案件；

（三）能够即时履行的案件；

（四）其他不需要制作调解书的案件。

对不需要制作调解书的协议，应当记入笔录，由双方当事人、审判人员、书记员签名或者盖章后，即具有法律效力。

78. 劳动争议必须先仲裁后起诉吗?

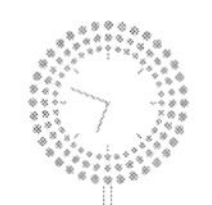

案例

温某系某建筑公司的瓦工，2014年7月2日，温某在工地施工过程中坠楼身亡，之后当地人力资源社会保障局出具工伤认定决定书。2015年5月27日，受害人温某的家属向法院起诉，要求建筑公司赔偿原告工伤保险赔偿金共计66万余元。诉讼中法院查明至原告起诉时，受害人家属未向劳动仲裁部门申请仲裁。法院认为，该案是工伤保险待遇纠纷，该纠纷属于劳动争议范畴，故依法应由双方向劳动合同履行地和用人单位所在地的劳动争议仲裁委员会申请仲裁，对裁决不服的，方可向法院起诉。最终，法院依法裁定驳回了原告的起诉。

律师解答

按照《中华人民共和国劳动法》的规定，劳动者与用人单位发生劳动争议时，可以通过协商、调解、仲裁、诉讼等途径来解决，其中协商、调解不是劳动争议处理的必经程序，但劳动争议仲裁委员会的仲裁是处理劳动争议的必经程序，也是处理劳动争议最重要的程序。只有经过仲裁，当事人才可以向法院起诉。

当事人申请是劳动争议仲裁委员会处理劳动争议案件的先决条件和必经程

序，即仲裁前置的原则。法律之所以如此规定，主要是因为事先仲裁可以缓和双方当事人的对立情绪，避免将矛盾直接推到法院通过诉讼解决，而且有些劳动争议专业性较强，劳动仲裁部门裁决后再经法院审理，便于法院及时、准确地处理案件。此外，法院审理民事案件的期限较长，而劳动争议仲裁结案期限相对较短，将仲裁作为诉讼的前置程序，可以使一大批劳动争议案件在仲裁阶段得到处理，防止久拖不决，更好地保护劳动者利益。

但是有原则就有例外。根据劳动法相关司法解释，在一些特殊情形下，劳动者无须经过劳动仲裁，可以直接提起诉讼，具体如下：

第一，《最高人民法院关于审理劳动争议案件适用法律若干问题的解释（一）》

第2条规定，劳动争议仲裁委员会以当事人申请仲裁的事项不属于劳动争议为由，作出不予受理的书面裁决、决定或者通知，当事人不服，依法向法院起诉，属于劳动争议案件的，法院应当受理。

第二，《最高人民法院关于审理劳动争议案件适用法律若干问题的解释（二）》

第3条规定，劳动者以用人单位的工资欠条为证据直接向法院起诉，诉讼请求不涉及劳动关系其他争议的，视为拖欠劳动报酬争议，按照普通民事纠纷受理。

第17条第2款规定，当事人在劳动争议调解委员会主持下仅就劳动报酬争议达成调解协议，用人单位不履行调解协议确定的给付义务，劳动者直接向法院起诉的，法院可以按照普通民事纠纷受理。

第三，《最高人民法院关于审理劳动争议案件适用法律若干问题的解释（三）》

第1条规定，劳动者以用人单位未为其办理社会保险手续，且社会保险经办机构不能补办导致其无法享受社会保险待遇为由，要求用人单位赔偿损失而发生争议的，法院应予受理。

第2条规定，因企业自主进行改制引发的争议，法院应予受理。

第3条规定，劳动者依据劳动合同法第85条规定，向人民法院提起诉讼，要求用人单位支付加付赔偿金的，法院应予受理。

第12条规定，劳动人事争议仲裁委员会逾期未作出受理决定或仲裁裁决，当事人直接提起诉讼的，法院应予受理，但因移送管辖、正在送达或送达延误等6种情况除外。

第17条第3款规定，依据调解仲裁法第16条规定申请支付令被法院裁定终结督促程序后，劳动者依据调解协议直接向法院提起诉讼的，法院应予受理。

最后，需要注意的是，劳动争议的仲裁与我国仲裁法规定的仲裁是两回事，劳动仲裁不适用仲裁法。这是因为仲裁法调整的是平等主体之间的民商事纠纷，而在劳动关系中，劳动者和用人单位之间是管理与被管理、领导与被领导的关系。

《中华人民共和国劳动法》

第七十九条　劳动争议发生后，当事人可以向本单位劳动争议调解委员会申请调解；调解不成，当事人一方要求仲裁的，可以向劳动争议仲裁委员会申请仲裁。当事人一方也可以直接向劳动争议仲裁委员会申请仲裁。对仲裁裁决不服的，可以向人民法院提起诉讼。

79. 合同中约定了仲裁条款，还能否向法院起诉？

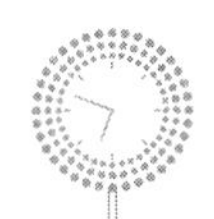

案例

2014年10月，周某与某房地产开发商签订了《房屋买卖合同》，购买位于市区的一套144平方米的住宅，合同约定双方争议的解决方式为仲裁。交房之后，周某在装修时发现房屋多处漏水、窗台空鼓、主卧天棚不平等诸多房屋质量问题，后经当地质量监督站调解，双方未能就维修方案达成一致意见。于是，周某向法院起诉，请求判决开发商赔偿自己经济损失并修缮房屋。第一次开庭审理前，被告开发商提出双方已订立了仲裁条款，请求法院驳回原告的起诉。法院经审理认为，原告在起诉时未声明双方在合同中订立了仲裁条款，隐瞒事实真相而致法院立案，法院受理后，被告在首次开庭前以此提出管辖权异议应依法予以支持，最终，法院裁定驳回了原告周某的起诉。

律师解答

仲裁是解决民商事纠纷的非诉讼法律制度，它是由纠纷当事人自愿达成协议，将纠纷提交仲裁委员会，并由仲裁委员会作出对争议各方均有约束力的裁决。和诉讼一样，仲裁也是解决民事纠纷的重要方式。在二者的关系上，我国法律规定，当事人可以自由选择，但只能从中“二选一”，即当事人选择了仲裁方式解决纠纷的，就不得向人民法院提起诉讼；当事人选择了诉讼方式解决纠纷的，就不得向仲裁机构申请以仲裁方式解决纠纷。

仲裁在一般的民事纠纷中较少应用，但在商事领域的适用范围非常广泛。仲裁实行一裁终局制度，裁决作出后，当事人就同一纠纷再申请仲裁或者向法院起诉的，仲裁委员会或者法院不予受理。相较于诉讼冗长的程序，仲裁可以大大节约时间和成本，颇受商业人士青睐。但诉讼的优点在于适用范围更为广泛，比如根据规定，有关婚姻、收养、监护等有关人身权益的纠纷不能申请仲裁，只能通过向法院进行诉讼解决。

当事人在已经选择仲裁的情况下，有两种例外仍然可以通过诉讼由法院审理：一是仲裁协议无效，约定的仲裁事项超出法律规定的仲裁范围；无民事行为能力人或者限制民事行为能力人订立的仲裁协议；一方采取胁迫手段，迫使对方订立仲裁协议的；选择的仲裁机构不存在等。二是一方向法院起诉时没有向法院声明仲裁协议的，合同另一方在首次开庭前未对法院受理该案提出异议的，视为放弃仲裁协议，法院可以继续审理。所以，如果签订的合同中已经约定仲裁为争议解决方式的，一定要在法院首次开庭前提出异议，就像案例中的被告房地产商一样。

此外，应当注意，仲裁协议对仲裁事项或者仲裁委员会没有约定或者约定不明确的，比如当事人仅仅约定了仲裁地点，而没有明确约定仲裁机构，或者约定了两个以上的仲裁机构，那么当事人可以补充协议；达不成补充协议的，仲裁协议无效。如果当事人约定争议既可以向仲裁机构申请仲裁也可以向法院起诉的，根据《最高人民法院关于适用〈中华人民共和国仲裁法〉若干问题的解释》第7条的规定，仲裁协议无效。但一方向仲裁机构申请仲裁，另一方未在仲裁庭首次开庭前提出异议的，视为另一方当事人同意仲裁庭受理和仲裁。

《中华人民共和国仲裁法》

第五条　当事人达成仲裁协议，一方向人民法院起诉的，人民法院不予受理，但仲裁协议无效的除外。

第二十六条　当事人达成仲裁协议，一方向人民法院起诉未声明有仲裁协议，人民法院受理后，另一方在首次开庭前提交仲裁协议的，人民法院应当驳回起诉，但仲裁协议无效的除外；另一方在首次开庭前未对人民法院受理该案提出异议的，视为放弃仲裁协议，人民法院应当继续审理。

80. 什么是近亲属？近亲属在诉讼中有什么作用？

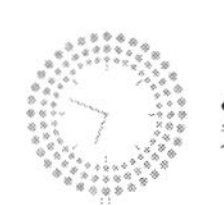

案例

2015年3月，段某的妻子以夫妻感情不和为由提起离婚诉讼，并离家出走。段某经多次跟踪后发现，妻子在岳父母家居住。同年5月的一天，段某请来多位朋友，趁着岳父家里没人，搬走该房内电脑、电视机、洗衣机、沙发、餐桌等电器及家具，并进行变卖。岳父报警后，段某向公安机关投案自首。经鉴定，该案涉财产价值2万多元。一审法院综合段某属盗窃亲属财物及自首情节，判决段某犯盗窃罪，免予刑事处罚。段某不服，称其与被害人系翁婿关系，二者之间互为家庭成员或系近亲属，根据最高人民法院《关于审理盗窃案件具体应用法律若干问题的解释》第1条中的规定，“偷拿自己家中的财物或者近亲属的财物，一般可不按犯罪处理”，其行为未侵犯他人财产所有权，不构成盗窃罪，请求二审法院改判其无罪。二审法院审理后认为，段某与被害人系女婿与岳父关系，不是刑法意义上的近亲属关系，不适用最高人民法院前述司法解释，一审法院裁判正确，遂裁定驳回上诉，维持原判。

律师解答

亲属是人们基于婚姻、血缘和法律拟制而形成的社会关系。亲属范围十分广泛，以亲属关系的亲疏远近为根据，可将亲属分为近亲属和其他亲属。在我国，近亲属是一个法律概念，具有法律意义，《中华人民共和国民法总则》以及不同的诉讼法对近亲属都有规定，但规定的范围并不一致。具体如下：（1）在刑事诉讼法中，近亲属是指夫、妻、父、母、子、女、同胞兄弟姊妹；（2）在行政诉讼法中，配偶、父母、子女、兄弟姐妹、祖父母、外祖父母、孙子女、外孙子女和其他具有扶养、赡养关系的亲属；（3）在民事诉讼法中，近亲属是指与当事人有夫妻、直系血亲、三代以内旁系血亲、近姻亲关系以及其他有抚养、赡养关系的亲属。

可以看出，刑事诉讼法中近亲属的范围最窄，行政诉讼法次之，民事诉讼法范围最广。法律之所以规定近亲属这一概念，是因为近亲属在诉讼活动中可以作为当事人的诉讼代理人，代表当事人参加诉讼。因此，近亲属的范围影响诉讼中诉讼代理人的确认。比如《中华人民共和国民事诉讼法》第58条规定，当事人、法定代理人可以委托近亲属作为自己的诉讼代理人，《中华人民共和国刑事诉讼法》和《中华人民共和国行政诉讼法》也有相同的规定。由熟悉法律知识的近亲属作为诉讼代理人，可以不用承担高昂的律师费，而且由于亲属之间的感情，可以给予最充分的信任，便于诉讼的顺利开展。在一定程度上，还可以避免当事人去委托一些没有律师资格的“黑律师”。

在诉讼中，如果委托近亲属作为代理人，法院会要求提交相关的亲属关系证明，比如户口簿、出生证、结婚证、收养证明、公安机关证明、人事档案等，也可以提交居（村）委会证明，有的法院也会要求当事人就双方亲属关系的真实性出具书面保证。

近亲属的法律意义还在于近亲属的范围影响到刑事案件中罪与非罪的认定。最高人民法院《关于审理盗窃案件具体应用法律若干问题的解释》对近亲属间盗窃、侵犯财产犯罪案件规定了不同于非亲属关系作案的处理原则，一般来说，盗窃、抢夺近亲属的财物，可不按犯罪处理，即使追究刑事责任，法院在处罚时也会与在社会上作案的有所区别。案例中的段某对刑事诉讼法上近亲属的概念缺乏了解，其与岳父母就不属于刑法意义上的近亲属，因此不能享受法律的宽大处理。

此外，在民事诉讼中，近亲属的证言效力比较低。《最高人民法院关于民事诉讼证据的若干规定》第69条规定，“与一方当事人或者其代理人有利害关系的证人出具的证言，不能单独作为认定案件事实的依据。”同时，第77条还规定，“证人提供的对与其有亲属关系或者其他密切关系的当事人有利的证言，其证明力一般小于其他证人证言”。

法律依据

《最高人民法院关于贯彻执行〈中华人民共和国民法通则〉若干问题的意见（试行）》

12. 民法通则中规定的近亲属，包括配偶、父母、子女、兄弟姐妹、祖父母、外祖父母、孙子女、外孙子女。

《最高人民法院关于适用〈中华人民共和国民事诉讼法〉的解释》

第八十五条　根据民事诉讼法第五十八条第二款第二项规定，与当事人有夫妻、直系血亲、三代以内旁系血亲、近姻亲关系以及其他有抚养、赡养关系的亲属，可以当事人近亲属的名义作为诉讼代理人。

《中华人民共和国刑事诉讼法》

第一百零六条　本法下列用语的含意是：

（六）“近亲属”是指夫、妻、父、母、子、女、同胞兄弟姊妹。

《最高人民法院关于执行〈中华人民共和国行政诉讼法〉若干问题的解释》

第十一条　行政诉讼法第二十四条规定的“近亲属”，包括配偶、父母、子女、兄弟姐妹、祖父母、外祖父母、孙子女、外孙子女和其他具有扶养、赡养关系的亲属。

81. 离婚案件能否申请不公开审理?

案例

2013年9月13日，著名影视明星李某和其妻子王某一起来到李某户籍所在地的法院办理离婚手续。承办法官按规定程序首先依法进行了调解，但二人坚持要求离婚，且不存在财产分割等争议，因此，法院准许二人离婚并下发民事调解书。办理离婚手续时，为不引人瞩目，两人向法院申请不公开审理。法院从尊重个人隐私、保护正当权益出发，按照有关法律规定，准许了不公开审理的请求。

律师解答

法院开庭审理案件，公开审理是原则，不公开审理是例外。根据《中华人民共和国民事诉讼法》的规定，不公开审理的案件包括两类：一是法定不公开审理的案件，主要是指涉及国家机密、个人隐私或者法律另有规定不公开审理的案件；二是依申请不公开审理的案件，主要是离婚案件和涉及商业秘密的案件。在《最高人民法院关于严格执行公开审判制度的若干规定》中也规定，经当事人申请，法院决定不公开审理的离婚案件，可以不公开审理。

不公开审理的含义是指诉讼活动不公开进行，只在必要的诉讼参与人之间开展，开庭时间、地点、案由不公开，不允许群众旁听，也不允许新闻记者对庭审过程进行采访报道。

根据规定，离婚案件经当事人申请可以不公开审理。这是因为几乎每起离婚案件都不同程度地涉及当事人的个人隐私、生活琐事，甚至有一些不足为外人道的难言之隐，比如恋爱过程、收入状况、未婚同居、第三者插足、夫妻生活状况等。在法庭辩论阶段，有的当事人往往情绪激动，故意夸大对方在生活、生理、感情上的问题或缺陷，如果存在婚外情的，还涉及第三人的隐私。如果有其他人在场旁听，就等于将这些隐私公之于众，侵害他人的隐私权利。

当然，也并不是所有申请不公开审理的离婚案件都会得到法官的批准，只有涉及“个人隐私”的，法官才会准许。离婚当事人申请时，既可以由一方提出，也可以由双方同时提出申请，法律对此没有要求，法官会结合具体案情酌情决定是否准许。申请时，可以在开庭之前即向法官提出，也有的当事人或其代理律师在庭审的过程中发现对方披露自己一方的隐私，临时向法官提出。

但不是所有的不公开审理都会对当事人有利，在申请前，应当仔细斟酌其中的利弊。不公开审理的优点是保护隐私，但也有弊端。如果申请不公开审理，那么就意味着当事人的亲戚朋友也无法参与旁听。对很多人而言，亲戚朋友是他们的智囊团，如果庭审时他们不在场，难免会心中没底。而且，如果庭审时，有无关案件的人员旁听和媒体采访，无形之中也给了法官和对方当事人压力，可以保证案件审理公平地进行。

《中华人民共和国民事诉讼法》

第一百三十四条　人民法院审理民事案件，除涉及国家秘密、个人隐私或者法律另有规定的以外，应当公开进行。

离婚案件，涉及商业秘密的案件，当事人申请不公开审理的，可以不公开审理。

第一百四十八条第一款　人民法院对公开审理或者不公开审理的案件，一律公开宣告判决。

82. 在诉讼过程中，如何提起反诉？

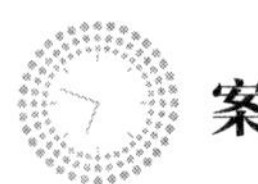

案例

自2010年开始，甲公司一直向乙公司供应塑料板材，至2015年双方累计交易金额已达340余万元。之后，甲公司经对账发现，乙公司尚欠其188万元的货款。经多次催要，乙公司一直未支付。随后，甲公司一纸诉状将乙公司告上法庭，要求其支付货款188万元及违约金19万元。在庭审过程中，甲公司向法庭出示了发货通知单复印件、货物运输协议复印件、增值税发票、供货明细等证据材料，以证明其供货总额及乙公司累计拖欠的货款数额。但乙公司当庭提出反诉，称由于甲公司提供的产品存在严重质量问题，才没有支付剩余货款，并出示了其与客户签订的销售合同，以证明其因使用甲公司产品给自身及客户造成了经济损失。随后，乙公司提出鉴定申请，由法院依法委托鉴定机构对甲公司的产品进行鉴定，但鉴定机构答复无法对鉴定事项进行鉴定。此外，双方未约定检验期限，乙公司也未能举证证明在收到甲公司产品后提出过质量异议。鉴于此，法院最终支持了甲公司的诉讼请求，乙公司虽然当庭提出反诉，却依然输掉了官司。

在民事诉讼中，双方当事人的权利是平等的。原告有提起诉讼的权利，被告有反驳原告诉讼请求以及提起反诉的权利。反诉，顾名思义是针对本诉提起的诉讼，通俗讲就是一个已经开始的民事诉讼中，本诉的被告以本诉原告为被告，向受诉法院提出的与本诉有牵连的独立的反请求。

反诉是在民事诉讼中经常使用的一种策略，目的在于对抗或抵消对方提出的诉讼请求，经常用于双务合同、互负责任的侵权赔偿纠纷中。比如，在买卖合同纠纷中，卖方请求解除合同返还定金，买方反诉请求继续履行合同。再比，如在建设工程纠纷中，施工方要求支付工程款，建设方提起反诉称工程质量存在严重问题。因为普通的反驳式答辩往往非常被动，对原告反驳力度较小，而反诉作为一个答辩的手段，是被告对原告一种主动的抗辩。反诉的优点在于，在庭审的过程中，往往可以打乱对方的诉讼节奏，达到出其不意的效果；也可以为自己争取调解的筹码，使自己在诉讼中处于更有利的位置；由于增加了案件审理难度，在某种程度上也起到了拖延诉讼时间的效果。

法院通常将反诉与本诉一并处理，使案结事了，一来可以节省各方诉讼成本，二来反诉的诉讼费还可以减半收取。比如，在一起交通事故案件中，原被告双方对事故的发生均有过错，造成了双方的损失，需要相互赔偿。原告起诉后，被告可以针对原告的赔偿请求提出反诉，也要求对方对自己进行赔偿。这样，被告就不用另案起诉原告，减轻了诉累，也节省了法院的司法成本。

但是，反诉不能随便提起，需要符合一定的条件，主要包括：（1）反诉的被告必须是原诉的原告，反诉的原告只能是本诉的被告，如果本诉被告针对案外第三人提起诉讼，只能是一个独立的诉讼；（2）反诉应当在本诉起诉之后，法庭辩论终结之前提起。根据规定，在二审中原审被告也可以提起反诉，法院的处理方式有两种，一是基于当事人的自愿原则，进行调解，调解不成则另行起诉，二是如果双方当事人同意由二审法院一并审理的，法院可以一并裁决；（3）反诉只能向审理本诉的法院提起，目的在于节省诉讼成本，提高办案效率，如果被告向受理本诉的法院以外的其他法院提起诉讼，就无法达到合并审理的目的，只能把其当作一个独立的诉讼，单独审理；（4）反诉与本诉的诉讼标的或者诉讼理由相互有牵连，比如原告要求被告按合同交货，被告反诉要求撤销买卖合同。如果两个请求没有关联，就是两个不同的诉讼，需要另案起诉。比如原告要求被告归还借款，被告提出反诉要求原告返还借款时抵押在原告处的财物，因为前者是一个民间借贷纠纷，后者是一个侵权责任纠纷，两个法律关系性质不同，所以被告的反诉不成立；再比如，女方提出离婚，男方提出反诉要求女方返回彩礼，因为前者是要求解除人身关系，后者是要求金钱给付，两者无法抵消，所以反诉也不成立；（5）反诉与本诉应属于同一诉讼程序（普通程序或简易程序），如果本诉适用了简易程序，而反诉应当适用普通程序的，就无法合并审理，起到简化诉讼的作用。

总之，反诉作为一种诉讼策略可以使用，但不能滥用。如果没有充足的证据，只是基于“人若告我，我必告人”的不满心理，对原告泄愤或者向法官施压，滥用反诉权利，就会干扰法院正常的审理秩序，法院会驳回反诉请求。

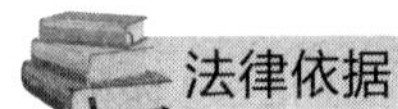

法律依据

《中华人民共和国民事诉讼法》

第一百四十条　原告增加诉讼请求，被告提出反诉，第三人提出与本案有关的诉讼请求，可以合并审理。

《最高人民法院关于适用〈中华人民共和国民事诉讼法〉的解释》

第二百三十三条　反诉的当事人应当限于本诉的当事人的范围。

反诉与本诉的诉讼请求基于相同法律关系、诉讼请求之间具有因果关系，或者反诉与本诉的诉讼请求基于相同事实的，人民法院应当合并审理。

反诉应由其他人民法院专属管辖，或者与本诉的诉讼标的及诉讼请求所依据的事实、理由无关联的，裁定不予受理，告知另行起诉。

第二百三十九条　人民法院准许本诉原告撤诉的，应当对反诉继续审理；被告申请撤回反诉的，人民法院应予准许。

Part 7
犯罪与刑罚

83. 恶意拖欠工资，老板要被判刑？

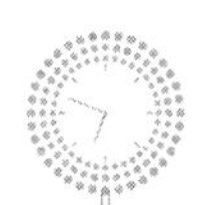

案例

2009年12月，丁某成立了一家服饰公司。截至2013年6月，其公司累计拖欠范某等73名工人30多万元工资，但丁某均以“正在筹钱”等理由搪塞，甚至将手机关机。当地人力资源和社会保障局下达了限期支付拖欠职工工资告知书，但丁某去往外地，一直不予露面。最终，公安机关将丁某抓获归案。刑事拘留期间，丁某的家人向工人们全额支付了工资。考虑到其认罪悔罪表现，法院以拒不支付劳动报酬罪从轻判处丁某有期徒刑三年，缓刑三年，并处罚金人民币1万元。

律师解答

一段时期以来，部分地方用工单位拒不支付劳动者的劳动报酬的现象比较突出，广大劳动者，特别是农民工成了拒不支付劳动报酬行为的主要受害者。因此，《中华人民共和国刑法》规定，以转移财产、逃匿等方法逃避支付劳动者的劳动报酬或者有能力支付而不支付劳动者的劳动报酬，数额较大，经政府有关部门责令支付仍不支付的，构成拒不支付劳动报酬罪。

拒不支付劳动报酬是指以逃避支付劳动者的劳动报酬为目的，以转移财产、逃匿等方法逃避支付劳动者的劳动报酬或者有能力支付而不支付劳动者，数额较大的行为。根据《最高人民法院关于审理拒不支付劳动报酬刑事案件适用法律若干问题的解释》的规定，主要表现包括：（1）隐匿财产、恶意清偿、虚构债务、虚假破产、虚假倒闭或者以其他方法转移、处分财产的；（2）逃跑、藏匿的；（3）隐匿、销毁或者篡改账目、职工名册、工资支付记录、考勤记录等与劳动报酬相关的材料的；（4）以其他方法逃避支付劳动报酬的。数额较大是指拒不支付一名劳动者3个月以上的劳动报酬且数额在5000元至2万元以上；或者拒不支付10名以上劳动者的劳动报酬且数额累计在3万元至10万元以上的。

建议广大劳动者加强自己的维权意识，在劳动过程中要注意随时保存证据，理性解决问题，可以向劳动部门、公安机关进行投诉举报，通过法律途径维护自己的合法权益。

法律依据

《中华人民共和国刑法修正案（八）》

四十一、在刑法第二百七十六条后增加一条，作为第二百七十六条之一：“以转移财产、逃匿等方法逃避支付劳动者的劳动报酬或者有能力支付而不支付劳动者的劳动报酬，数额较大，经政府有关部门责令支付仍不支付的，处三年以下有期徒刑或者拘役，并处或者单处罚金；造成严重后果的，处三年以上七年以下有期徒刑，并处罚金。

“单位犯前款罪的，对单位判处罚金，并对其直接负责的主管人员和其他直接责任人员，依照前款的规定处罚。

“有前两款行为，尚未造成严重后果，在提起公诉前支付劳动者的劳动报酬，并依法承担相应赔偿责任的，可以减轻或者免除处罚。”

84. 偷多少钱会被判刑?

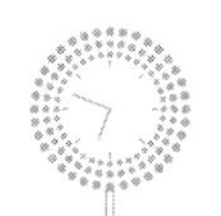

案例

惯犯贾某因没有工作手头缺钱，便起了歹念，联手同样有盗窃前科的男子郭某实施盗窃。2015年3月，两人先后流窜到某住宅楼，采用技术开锁的手段进入3户居民家中，盗窃现金、摄像机、笔记本电脑等物品，案值共4.5万余元。随后，两人被警方抓获并刑事拘留，2015年7月被提起公诉。法院审理认为，贾某和郭某以非法占有为目的，多次入户盗窃他人财物，盗窃数额达到刑法规定“数额巨大”的一半，情节严重，已构成盗窃罪。考虑到两人能够如实供述自己的罪行，并在归案后追回部分涉案款物，可酌情从轻处罚。综合考虑两人的犯罪情况，最终法院判决贾某犯盗窃罪，处有期徒刑3年3个月，并处罚金6万元；郭某犯盗窃罪，处有期徒刑2年2个月，并处罚金5万元。

律师解答

根据刑法的规定，盗窃公私财物，数额较大的，构成盗窃罪。盗窃罪属于财产犯罪，所以盗窃金额的多少对判处的刑罚影响很大。数额大小分为三个级别，即数额较大、数额巨大和数额特别巨大，分别判处的最高刑罚依次是3年以下有期徒刑、10年以下有期徒刑和无期徒刑。至于数额大小的认定，按照

《最高人民法院、最高人民检察院关于办理盗窃刑事案件适用法律若干问题的解释》的规定，数额较大是指1000元至3000元以上、数额巨大是指3万元至10万元以上、数额特别巨大是指30万元至50万元以上。根据各地的经济发展水平的差异，每个地方又是有区别的，经济发达地区的金额标准较高，比如上海、北京对“数额较大”认定的标准都是2000元。

但如果符合“曾因盗窃受过刑事处罚”“一年内曾因盗窃受过行政处罚”“组织、控制未成年人盗窃”“自然灾害、事故灾害、社会安全事件等突发事件期间，在事件发生地盗窃”“盗窃残疾人、孤寡老人、丧失劳动能力人的财物”“在医院盗窃病人或者其亲友财物”“盗窃救灾、抢险、防汛、优抚、扶贫、移民、救济款物”“因盗窃造成严重后果”等8种情形之一的，“数额较大”的标准可以按照法定标准的50%确定。

需要注意的是，对于多次盗窃、入户盗窃、携带凶器盗窃和扒窃这4种情况，只要实施了这些行为，即使一分钱没有偷到，也要被判刑。根据规定，两年内盗窃3次以上的，属于“多次盗窃”；非法进入供他人家庭生活，与外界相对隔离的住所盗窃的，比如住宅、宿舍等，属于“入户盗窃”；携带枪支、爆炸物、管制刀具等国家禁止个人携带的器械盗窃，或者为了实施违法犯罪携带其他足以危害他人人身安全的器械盗窃的，属于“携带凶器盗窃”；在公共场所或者公共交通工具上，比如地铁、公交、电影院等场所，盗窃他人随身携带的财物的，属于“扒窃”。

此外，根据规定，偷拿家庭成员或者近亲属的财物，很多家庭由于“家丑不可外扬”的观念，往往对犯罪行为隐忍和谅解，这种情况一般可不认为是犯罪；如果确有必要追究刑事责任的，处罚时也与在社会上作案的有所区别，法院一般会酌情从宽处理。

法律依据

《中华人民共和国刑法修正案（八）》

三十九、将刑法第二百六十四条修改为：“盗窃公私财物，数额较大的，或者多次盗窃、入户盗窃、携带凶器盗窃、扒窃的，处三年以下有期徒刑、拘役或者管制，并处或者单处罚金；数额巨大或者有其他严重情节的，处三年以上十年以下有期徒刑，并处罚金；数额特别巨大或者有其他特别严重情节的，处十年以上有期徒刑或者无期徒刑，并处罚金或者没收财产。”

85. 明明是盗窃，怎么就成了抢劫?

案例

2014年5月的一天，小区突然停电。值班保安蔡某到配电室检查时发现鬼鬼祟祟的范某。原来，范某关掉了电闸，并用老虎钳剪断配电室的电线，打算偷走电线，导致该小区断电。蔡某上前抓捕，两人相互拉扯并倒地，同时，范某用脚踹，用石头、管钳砸蔡某。而且范某为逃脱，张口就咬蔡某的大腿，正要逃脱时，被赶到的群众制服了。经法医鉴定，蔡某左上肢挫伤面积超过15平方厘米，右大腿咬伤致皮肤破损，损伤程度系轻微伤。本来是偷电线，但范某为抗拒抓捕的暴力反抗程度已达到致他人轻微伤，构成抢劫罪，最终法院判处范某有期徒刑3年。

律师解答

盗窃罪和抢劫罪均属于我国刑法犯罪中的财产类犯罪，但二者在量刑上存在很大区别。盗窃罪侵犯的对象只是财产，起步刑罚是3年以下有期徒刑、拘役或者管制，而抢劫罪侵犯的对象不仅是财产还包括人的生命安全，所以起步刑罚标准更高，处罚更为严厉，为3年以上10年以下有期徒刑。

为了保护群众的人身安全，我国刑法第269条规定，犯盗窃、诈骗、抢夺罪，为窝藏赃物、抗拒抓捕或者毁灭罪证而当场使用暴力或者以暴力相威胁的，按照抢劫罪定罪处罚。也就说盗窃、诈骗、抢夺罪这三种罪名可以转化为抢劫罪，在刑罚理论上叫作“转化型的抢劫罪”。一旦盗窃罪变为抢劫罪，从上面的介绍可以看出，定罪量刑程度就大不同了。在本案中，范某为抗拒抓捕而用脚踹、用物体砸、用嘴咬都属于当场使用暴力，符合转化型抢劫犯的构成条件。所以范某的举动，遭到了更为严厉的刑事处罚。

《中华人民共和国刑法》

第二百六十三条　以暴力、胁迫或者其他方法抢劫公私财物的，处三年以上十年以下有期徒刑，并处罚金；有下列情形之一的，处十年以上有期徒刑、无期徒刑或者死刑，并处罚金或者没收财产：

（一）入户抢劫的；

（二）在公共交通工具上抢劫的；

（三）抢劫银行或者其他金融机构的；

（四）多次抢劫或者抢劫数额巨大的；

（五）抢劫致人重伤、死亡的；

（六）冒充军警人员抢劫的；

（七）持枪抢劫的；

（八）抢劫军用物资或者抢险、救灾、救济物资的。

第二百六十九条　犯盗窃、诈骗、抢夺罪，为窝藏赃物、抗拒抓捕或者毁灭罪证而当场使用暴力或者以暴力相威胁的，依照本法第二百六十三条的规定定罪处罚。

86. 借钱不还算不算诈骗，可不可以报警？

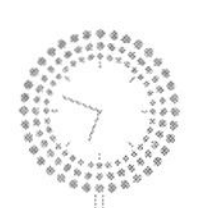

案例

徐某从20世纪80年代起开始做电器生意，收益一直不错，并与左邻右舍的居民结识熟悉。但到了2004年，电器经营竞争激烈，徐某的生意每况愈下，购进货物严重积压，流动资金陷入窘境。为能骗到借款，徐某隐瞒了债务缠身的真相，通过熟人并许以高息，于2004年10月至2005年1月期间，先后向付某等6人借款30余万元。后徐某去向不明。受害人报案后，徐某被抓获归案，经审理，一审法院判决被告人徐某犯诈骗罪，判处有期徒刑并处罚金。徐某不服判决，以其行为系民间借贷纠纷，不构成犯罪为由提起上诉。二审法院终审认为，徐某隐瞒其生意不景气、货物积压事实，在无能力还款情况下，仍以借款经营生意之名，取得被害人信任，骗取款项后，离开住地去向不明。该事实证明徐某具有非法占有的故意，其行为符合诈骗罪构成要件，其上诉理由不能成立。

一般情况借款人不能按期归还借款而产生的纠纷属于民间借贷纠纷，是一种民事法律关系，应受民事法律调整，不产生刑事责任。而诈骗罪是以非法占

有为目的，采用虚构事实或者隐瞒真相的欺骗方法，使受害人陷入错误认识并“自愿”交出财物，骗取数额较大的公私财物的行为。但是，一些人在民间借贷的过程中，采用诈骗的方法借款，就会构成诈骗罪，其行为也就超越了民法的范围，进入刑法的调整领域。

区别民事借贷纠纷和诈骗犯罪的一个关键因素在于借款是否存在“以非法占有为目的”。如果借款人在借钱时是有归还意愿的，并不是故意借钱不还，只是由于客观方面的原因不能归还，比如生意失败、遭遇重大疾病、自然灾害等，就不属于诈骗；如果借款人在借款时居心叵测，试图将借款占为己有，进而编造虚假用途，借款后任意挥霍借款，更换手机号码及其他联系方式，销声匿迹，躲避出借人的讨要等，这就属于诈骗罪。

在司法实践中，将一般的借钱不还和民间借贷纠纷认定为诈骗难度极大，需要出借人证明借款人存在“非法占有”的故意。按照规定，公安机关不能处置普通的民事纠纷，所以一般情况下，借钱不还去报案的话，公安机关是不会受理的。

借款纠纷司空见惯，但诈骗犯罪是以行为人具有非法占有目的为主观条件。在本案中，徐某隐瞒无经济能力真相，骗取借款后“人间蒸发”的行为，显系存在非法占有故意，徐某没有信守诚信，受到刑事处罚，纯属咎由自取。

《中华人民共和国刑法》

第二百六十六条　诈骗公私财物，数额较大的，处三年以下有期徒刑、拘役或者管制，并处或者单处罚金；数额巨大或者有其他严重情节的，处三年以上十年以下有期徒刑，并处罚金；数额特别巨大或者有其他特别严重情节的，处十年以上有期徒刑或者无期徒刑，并处罚金或者没收财产。本法另有规定的，依照规定。

87. 骑自行车撞死人，也算交通肇事要坐牢吗?

案例

2015年8月的一天傍晚，22岁的许某从家出发，骑自行车去参加朋友的聚会，行至附近的一路口时，许某见信号灯为绿灯，于是由东至西骑行通过路口。通过马路时，由于速度过快，许某将人行横道上的一名老人撞到。许某见状，便弃车逃走了。事故发生后，围观群众报警，但老人仍因重度闭合性颅脑损伤而死亡。事发第二天，许某投案自首，之后，其家属主动联系被害人家属进行赔偿，双方达成一次性赔偿人民币10万元的协议。最终法院经过审理认定许某犯交通肇事罪，判处有期徒刑1年9个月。

律师解答

很多人认为，只有驾驶火车、汽车、电车、船只等交通工具才能构成交通肇事罪，对于骑自行车撞死人被判刑，觉得不可思议。其实，这是一种误解，因为无论是机动车还是非机动车，只要在公共交通管理的范围内发生交通事故，违反交通运输管理法规，产生了致人重伤、死亡的严重后果，就符合交通肇事罪的构成条件。

一般的交通事故属于民事范畴，只涉及责任方的民事赔偿问题。如果因交通肇事造成交通事故的发生，出现了严重后果，就可能构成交通肇事罪，就属于刑事范畴了。根据《最高人民法院关于审理交通肇事刑事案件具体应用法律若干问题的解释》的规定，交通肇事具有以下情形的，构成交通肇事罪：（1）死亡1人或者重伤3人以上，负事故全部或者主要责任的；（2）死亡3人以上，负事故同等责任的；（3）造成公共财产或者他人财产直接损失，负事故全部或者主要责任，无能力赔偿数额在30万元以上的。

此外，如果交通肇事致1人以上重伤，但应负事故全部或者主要责任，并具有下列情形之一的，法院也可以认定构成交通肇事罪：（1）酒后、吸食毒品后驾驶机动车辆；（2）无驾驶资格驾驶机动车辆；（3）明知是安全装置不全或者安全机件失灵的机动车辆而驾驶；（4）明知是无牌证或者已报废的机动车辆而驾驶；（5）严重超载驾驶；（6）为逃避法律追究逃离事故现场。

在本案中，许某驾驶自行车未尽到注意义务，违反交通运输管理法规，因而发生重大事故，造成一人死亡，且负事故全部责任，其行为已构成交通肇事罪。鉴于许某犯罪以后主动投案，如实供述自己的罪行，系自首，且已支付赔偿款并取得被害人家属谅解，法院根据其犯罪情节和悔罪表现，做出上述判决。

《中华人民共和国刑法》

第一百三十三条　违反交通运输管理法规，因而发生重大事故，致人重伤、死亡或者使公私财产遭受重大损失的，处三年以下有期徒刑或者拘役；交通运输肇事后逃逸或者有其他特别恶劣情节的，处三年以上七年以下有期徒刑；因逃逸致人死亡的，处七年以上有期徒刑。

88. 精神病人犯罪可以不坐牢吗?

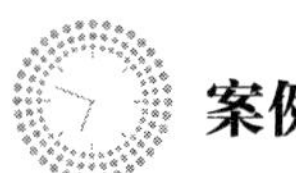

案例

孔某现年33岁，年轻时曾患过精神病。2015年10月16日晚，孔某骑三轮车在卖水饺，因为生意好，心情愉快，卖完后，孔某没有立即回家而是买来白酒痛饮，并打开三轮车上的音响，在某广场上跳舞庆祝。这时一位驾车停在路边的司机随口说了一句："神经病！"孔某立即火冒三丈，两个人对打起来，孔某感觉自己吃了亏，便持小板凳将路人的轿车前风挡玻璃和引擎盖砸坏，同时还砸坏了路边停放的其他几辆汽车，经鉴定损失达6万余元。群众报警后，民警将孔某控制，调查期间，孔某坚称自己是精神病人，损毁财物不犯法，法律不会对其问责。随后办案民警把孔某送去进行精神医学鉴定，结论为精神病缓解期。于是，警方以涉嫌故意毁坏财物罪将孔某逮捕。

律师解答

根据《中华人民共和国刑法》第18条的规定，精神病人分为三类，其刑事责任各不相同：（1）完全性的精神病人，因为无法辨认也无法控制自己的行为，经法定程序鉴定确认的，不负刑事责任，但是应当责令他的家属或者监护人严加看管和医疗；在必要的时候，由政府强制医疗；（2）间歇性的精神病人，他们时而精神正常，时而无法辨认并控制自己的行为，在精神正常的时候犯罪，应当负刑事责任；（3）尚未完全丧失辨认或者控制自己行为能力的精神病人，这类人应当负刑事责任，但是可以从轻或者减轻处罚。

虽然某些情况下精神病人不需要承担刑事责任，但并不意味着没有责任产生，其监护人还是应当承担其他责任。首先是看管责任，家庭是防范精神病人犯罪的第一道防线，我国现行的刑事和民事法律规范，均要求家庭成员对精神病人尽到监护、看管职责；其次是民事赔偿责任。根据《中华人民共和国侵权责任法》的规定，一旦因疏于看管致使精神病人在外侵害他人权益，监护人还要因此承担赔偿责任，这种责任是一种补充赔偿，当有财产的精神病人造成他人损害的，应当先从本人财产中支付赔偿费用，不足部分，由监护人赔偿。监护人尽到监护责任的，法院可以减轻其侵权责任。

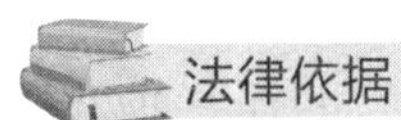

《中华人民共和国民法总则》

第二十八条　无民事行为能力或者限制民事行为能力的成年人，由下列有监护能力的人按顺序担任监护人：

（一）配偶；

（二）父母、子女；

（三）其他近亲属；

（四）其他愿意担任监护人的个人或者组织，但是须经被监护人住所地的居民委员会、村民委员会或者民政部门同意。

89. 挨打还手属于正当防卫吗?

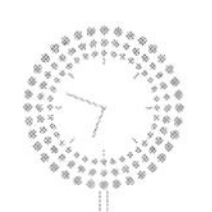

案例

2014年春节过后，新婚夫妇程某和孙某从重庆老家到海南三亚一个建筑工地打工。2014年3月12日晚，孙某在工地装卸混凝土时，遭到邹某、容某、纪某等4名刚喝完酒的工人调戏，恰被程某撞见。随后4名工人与程某发生了肢体冲突，辱骂并围殴程某，程某拿出随身携带的折叠小刀乱挥、乱捅。随后，4名工人立即逃离现场。被捅伤的容某回到住处后因失血过多死亡，邹某事后被鉴定为轻伤，纪某和劝架的另一位工友为轻微伤。同时，程某也为轻微伤。检察院指控被告人程某的行为已构成故意伤害罪，但法院认为被告人程某的行为是在被围殴的状态下，孤身一人面对手持器械的侵害人实施的防卫，且被害人逃离现场后，程某再无伤害行为。因此，被告人程某的行为属正当防卫，宣判被告人程某无罪。检察院抗诉后，二审法院驳回抗诉，维持原判。

律师解答

正当防卫是指为了使国家、公共利益、本人或者他人的人身、财产和其他权利免受正在进行的不法侵害，而采取的制止不法侵害的行为，通俗讲就是，就是有人来惹事儿时，自己出手做出的自卫。《中华人民共和国刑法》规定，对不法侵害人造成损害的，属于正当防卫，不负刑事责任。正当防卫的对立面是防卫过当，正当防卫明显超过必要限度造成重大损害的，应当负刑事责任，但应当减轻或者免除处罚。媒体曾报道过，一个小伙子见义勇为，帮一名陌生女子追劫匪，不料在防止对方逃脱过程中失手将其打伤致死，结果被法院认定超过了正当防卫的必要限度，构成故意伤害罪，判处缓刑。除此之外，根据《民法通则》第181条的规定，正当防卫超过必要的限度，造成不应有损害的，还应当承担民事责任。

在司法实践中，认定正当防卫是一个难点，因为正当防卫和防卫过当之间的界限有时候很模糊。而且，人们往往会从结果去倒推人的行为动机，从而往往认为自卫者侵害意识要大于防卫意识。那么，如何做到防卫“正当”而不“过当”呢？可以从以下角度考虑：（1）为了避免较轻的不法侵害，不允许防卫行为造成更加严重的危害后果，比如对方打了你一拳，你却捅了对方一刀；（2）对于没有明显危及人身、财产等重大利益的不法侵害行为，不允许采取造成重伤等手段对不法行为人进行防卫，比如对方只是诈骗，你直接把对方打残；（3）能用缓和的手段进行有效的防卫之情况下，不允许用激烈手段进行防卫，比如抓到小偷送到派出所即可，不能五花大绑游街示众。

有一些行为明显不属于正当防卫，比如挑拨防卫，就是以挑拨寻衅等不正当手段，故意激怒对方，引诱对方对自己进行侵害，然后以“正当防卫”为借口，实行加害的行为。这种行为根本不具有防卫的目的，纯粹是为了侵害对方而设下的圈套，所以属于故意伤害。

生活中非常普遍的打架斗殴，很多人以为被人殴打或受到侵害后，自己的伤人行为就不构成犯罪，而是正当防卫。其实不然！两人及多人打架斗殴，一方先动手，后动手的一方实施的所谓反击他人的行为，属于互殴行为，不属于正当防卫，因为斗殴双方都在积极追求非法伤害对方的结果。在这种情况下，要根据双方各自受到的伤害来确定责任承担，比如你把对方打成轻伤的话，就可能涉嫌故意伤害罪。再比如挨打后返回现场复仇的行为，已经不属于受到“正在进行的不法侵害”，不能算是正当防卫。所以在面对不法侵害时，我们一定要理智处理，不能将他人的违法行为作为自己伤人的借口，避免给自己带来不必要的麻烦。

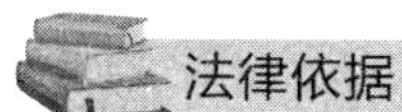

《中华人民共和国刑法》

第二十条　为了使国家、公共利益、本人或者他人的人身、财产和其他权利免受正在进行的不法侵害，而采取的制止不法侵害的行为，对不法侵害人造成损害的，属于正当防卫，不负刑事责任。

正当防卫明显超过必要限度造成重大损害的，应当负刑事责任，但是应当减轻或者免除处罚。

对正在进行行凶、杀人、抢劫、强奸、绑架以及其他严重危及人身安全的暴力犯罪，采取防卫行为，造成不法侵害人伤亡的，不属于防卫过当，不负刑事责任。

90. 信用卡套现违法吗?

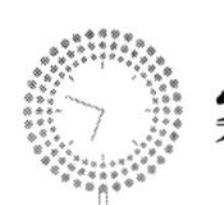

案例

2011年底，吴某与孙某成立了一家网络公司，公司主要业务是搭建网络平台，让需要支付房租的租客通过平台用信用卡透支，将房租转到该公司在第三方支付平台的账户上，这些支付平台和他们个人的银行卡绑定。在收到钱后，客人发租房的合同给他们，他们确认后再把合同上的金额打给房东，并收取租客1%的手续费。在经营一段时间后，网站的生意越来越难做。于是，为提升流量，两人就开始打“擦边球”，提供刷卡套现服务。吴某还在网上发布信用卡套现广告吸收客人，前后共替他人套取信用卡现金金额达218万多元，收取手续费获利约21万多元。2014年9月10日，吴某被公安机关抓获。法院经审理认定，吴某违反国家规定，伙同他人利用互联网交易平台，以虚构交易的方式向信用卡持卡人直接支付现金，情节严重，其行为已构成非法经营罪，依法判处吴某有期徒刑1年6个月，缓刑2年，并处罚金6万元。

律师解答

信用卡套现是指持卡人通过其他手段将信用额度内的资金以现金的形式套取，同时又不支付银行提现费用的行为。目前，涉及信用卡套现行为的领域较以前有所扩大，一些刚刚兴起的微商、微店成了套现者的首选渠道。由于开店门槛较低，一些人开始通过知名网络金融平台进行网络套现。殊不知，表面看违规套现者获得了资金周转，有关商户赚到了手续费，但是这种行为已经触犯了法律，扰乱了国家正常的金融秩序，法律风险非常高。

信用卡套现情节严重的，涉嫌构成非法经营罪。根据《最高人民法院、最高人民检察院关于办理妨害信用卡管理刑事案件具体应用法律若干问题的解释》的规定，对于提供刷卡服务的商户而言，如果套现金额在100万元以上，或者造成金融机构资金20万元以上逾期未还的，或者造成金融机构经济损失10万元以上的，就构成非法经营罪。因为信用卡套现本质特征就是通过欺骗方式将信用卡内的授信额度直接转化为现金套取出来。套现商户串通持卡人利用信用卡进行虚假交易，实际上是对金融秩序的扰乱与侵犯，严重者涉及洗钱，因此国家予以严厉打击。

对于持卡人而言，一般没有刑事责任，但是如果属于恶意透支，那么仍然会构成信用卡诈骗罪。除此之外，对个人的信用损害更大。因为信用卡套现更容易把持卡人推入以卡养卡、无力偿还的深渊，甚至会造成不良的信用记录。一旦被银行发现，轻则被停卡或降低信用卡使用额度，个人信用记录上将留下污点；重则被发卡银行拉入信用黑名单，严重影响日后的个人贷款、银行卡申请等。所以，为了贪图一时利益，影响个人的信用记录，实在得不偿失。此外，还存在很多法律风险，比如在POS机上刷卡成功，但帮其套现者一方却拒绝返还现金，那么持卡人讨回这笔钱时就会遇到法律难题。而且刷卡时随卡读取的卡主个人资料、卡片磁条信息等很容易被获取，这就给一些利用个人信息进行非法买卖的不法分子提供了可乘之机。一旦卡主个人信息被用于申请信用卡并造成恶意欠费，持卡人将遭受更加巨大的损失。

法律依据

《中华人民共和国刑法》

第二百二十五条　违反国家规定，有下列非法经营行为之一，扰乱市场秩序，情节严重的，处五年以下有期徒刑或者拘役，并处或者单处违法所得一倍以上五倍以下罚金；情节特别严重的，处五年以上有期徒刑，并处违法所得一倍以上五倍以下罚金或者没收财产：

（一）未经许可经营法律、行政法规规定的专营、专卖物品或者其他限制买卖的物品的；

（二）买卖进出口许可证、进出口原产地证明以及其他法律、行政法规规定的经营许可证或者批准文件的；

（三）其他严重扰乱市场秩序的非法经营行为。

91. 父母出卖亲生子女会受到什么处罚?

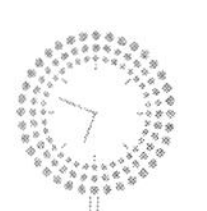

案例

2009年2月8日，武某和关某夫妇俩生下一个男孩，但是两人家庭生活困难，又因孩子患病，决定将孩子送人。几经辗转，夫妇二人将出生仅4个月的孩子以2.6万元的价格卖给了蔡某。后来，孩子的爷爷报警称孙子被夫妇卖掉，公安机关迅速开展行动，孩子很快被解救。在案件审理中，夫妇二人辩解称，其行为属于私自送养不构成犯罪。但法院认为两人在不了解对方基本条件的情况下，不考虑对方是否有抚养目的及有无抚养能力等事实，为收取明显不属于营养费的巨额钱财，将孩子送给他人，应当以拐卖儿童罪论处，分别判处两人有期徒刑3年，缓刑5年，并处罚金人民币3万元。

律师解答

父母对子女的抚养义务是社会赋予并由国家法律规定的，它既是一项社会义务，也是一项法律义务。我国刑法并没有明文规定出卖自己的亲生子女是否构成拐卖妇女儿童罪。2010年3月15日，最高人民法院、最高人民检察院、公安部、司法部联合出台的《关于依法惩治拐卖妇女儿童犯罪的意见》第16条中明确规定，以非法获利为目的，出卖亲生子女的，应当以拐卖妇女、儿童罪论处。

生活中，特别是在农村偏远地区，送养亲生子女的现象仍有发生。在此过程中，送养人往往向收养人收取一定数额的“奶粉钱”或“抚养费”。对此，要区分借送养之名出卖亲生子女与民间送养行为，关键在于行为人是否具有非法获利的目的。司法机关会通过子女“送”人的背景和原因、有无收取钱财及收取钱财的多少、对方是否具有抚养目的及有无抚养能力等事实，综合判断行为人是否具有非法获利的目的。

下列出卖亲生子女的情形，属于拐卖妇女、儿童罪：（1）将生育作为非法获利手段，生育后即出卖子女；（2）明知对方不具有抚养目的，或者根本不考虑对方是否具有抚养目的，为收取钱财将子女“送”给他人；（3）为收取明显不属于“营养费”“感谢费”的巨额钱财将子女“送”给他人；（4）其他足以反映行为人具有非法获利目的的“送养”行为。

具体而言，不是出于非法获利目的，而是迫于生活困难，或者受重男轻女思想影响，私自将没有独立生活能力的子女送给他人抚养，包括收取少量“营养费”“感谢费”的，属于民间送养行为，法院可以不以拐卖妇女、儿童罪论处。对私自送养导致子女身心健康受到严重损害，或者具有其他恶劣情节，符合遗弃罪特征的，可以遗弃罪论处；情节显著轻微危害不大的，可由公安机关依法予以行政处罚。

如果是多名家庭成员或者亲友共同参与出卖亲生子女的，一般法院会在综合考察是谁起意卖孩子、各人在出卖孩子中所起作用等情节的基础上，追究其中罪责较重者的刑事责任。对于其他情节显著轻微危害不大，不认为是犯罪的，可以不追究刑事责任。

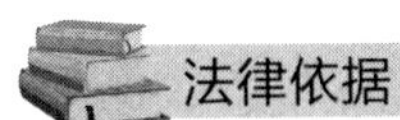

《中华人民共和国刑法》

第二百四十条　拐卖妇女、儿童的，处五年以上十年以下有期徒刑，并处罚金；有下列情形之一的，处十年以上有期徒刑或者无期徒刑，并处罚金或者没收财产；情节特别严重的，处死刑，并处没收财产：

（一）拐卖妇女、儿童集团的首要分子；

（二）拐卖妇女、儿童三人以上的；

（三）奸淫被拐卖的妇女的；

（四）诱骗、强迫被拐卖的妇女卖淫或者将被拐卖的妇女卖给他人迫使其卖淫的；

（五）以出卖为目的，使用暴力、胁迫或者麻醉方法绑架妇女、儿童的；

（六）以出卖为目的，偷盗婴幼儿的；

（七）造成被拐卖的妇女、儿童或者其亲属重伤、死亡或者其他严重后果的；

（八）将妇女、儿童卖往境外的。

拐卖妇女、儿童是指以出卖为目的，有拐骗、绑架、收买、贩卖、接送、中转妇女、儿童的行为之一的。

92. 以举报对方违法为条件索要合法欠款，属于违法犯罪吗?

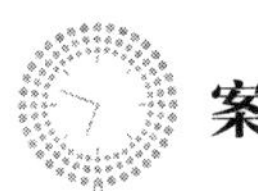

案例

郑某与温某是朋友，关系非常要好。2013年5月，温某开办了一家食品厂，由于资金周转困难，向郑某借了20万元钱，期限为1年。借款到期后，郑某多次催要，但由于经营不善，温某一直未予偿还。一天，郑某与朋友刘某聊天，告诉了他这个情况，刘某说他有办法既可以要回钱，也可以教训一下温某，替他出出气。原来，刘某建议郑某以认识当地税务局的人，举报该公司偷漏税情况为要挟，向温某索要50万。温某为了保持食品厂的正常运营，归还了郑某20万借款，郑某见计谋得逞，于是继续索要30万。温某不得已，只好报警求助，检察院以郑某犯敲诈勒索罪诉至法院。

律师解答

根据我国刑法的规定，敲诈勒索罪是指以非法占有为目的，对被害人采取以将来实施暴力或其他损害相威胁的方法，索取数额较大的公私财物的行为。敲诈勒索的手段，既可以是暴力威胁，也可以是口头、短信、电子邮件等方式。

债权人要账虽然天经地义，但是必须以合法的手段，在合理的范围内催要。公民合法权利的行使必须在该权利的范围之内，并且其方法不能超过社会一般观念所能容忍的程度。

因民事上债权债务关系实施威胁恐吓行为，是否符合敲诈勒索罪，主要是看债务是否合法，索要的数额是否大大超出实际债务。有合法的债权债务，但索取债务数额大大超出实际数额，这种情况下的威胁恐吓行为就应以敲诈勒索罪处理，而不是民事纠纷，因为这种基于合法的债权债务本身范围的威胁恐吓行为，其主观已具备非法占有超出合法债务以外财产的目的，对被害人施加精神压力很大，社会危害性严重。本案中，郑某本想获得自己的合法利益，但是他却使用了错误的方法，谎称有朋友在税务局工作，声称要向税务局举报温某食品厂的偷税漏税情况，而且索要数额远超出了欠款本金及利息，超出部分就属于敲诈勒索。

如果索取债务与实际数额相差不大，采取威胁恐吓的方式，要求债务人尽早还清债务，就不能以敲诈勒索罪认定。因为这时债权人并无非法占有他人财物的目的，而仅仅是通过较为强硬的手段追回债务，其恐吓行为属于追债过程中的过激行为，属于民事纠纷中的不当行为。因此，建议债主们在要债时一定要理智对待，冷静处理，妥善解决。切记冲动是魔鬼，一时冲动之下却触犯了法律，结果有理也变成了无理，甚至可能触犯刑法，使自己获刑入狱又赔钱。

法律依据

《中华人民共和国刑法》

第二百七十四条　敲诈勒索公私财物，数额较大的，处三年以下有期徒刑、拘役或者管制；数额巨大或者有其他严重情节的，处三年以上十年以下有期徒刑。

《最高人民法院、最高人民检察院关于办理敲诈勒索刑事案件适用法律若干问题的解释》

第一条　敲诈勒索公私财物价值二千元至五千元以上、三万元至十万元以上、三十万元至五十万元以上的，应当分别认定为刑法第二百七十四条规定的“数额较大”、“数额巨大”、“数额特别巨大”。

93. 虐待、伤害动物违法吗?

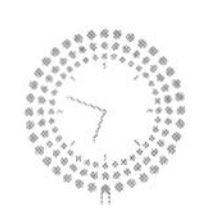

案例

2015年10月，一段80秒的虐猫视频在网络上流传开来，从视频中可以看到原本活泼可爱的小猫，被用电钻穿舌头，热铁烫下体和嘴巴，下油锅，场面血腥惊悚，手段十分残忍。虐猫视频随即引爆网络。网友爆料，做出这种残忍行为的有两人，一个是某大学的大学生，另一个是留学生。事后，校方回应称，已对涉事学生进行了批评教育和心理干预，该学生已在网上作出公开道歉，表示悔过。随后，多名动物保护志愿者前往该校门前拉起横幅、悬挂虐猫照片表示抗议，并通过微博公布了虐猫视频。

律师解答

动物是人类的朋友，但是近年来，虐待动物事件不断发生，如网上曝光的高跟鞋踩猫事件、打狗事件、火烧猫事件，以及各地层出不穷的“屠狗令”等，引发大众的极大关注。那么，虐待动物违法吗?

在国外，虐待动物是一种很严重的行为，比如在美国、英国、加拿大等国家都有专门的动物保护法律，无论是过度驾驭、过量负重等较轻的虐待行为，还是残酷殴打等严重的虐待行为，都会被追究刑事责任。目前，我国刑法并没有将虐待动物列入犯罪，因此，虐待动物不能判刑，不会被追究刑事责任，但却有可能招致民事责任。如果被虐待致残或者致死的动物比较贵重，且属于他人个人所有，比如对动物园的动物、邻里街坊饲养的宠物等造成了伤害，轻则会被追究民事赔偿责任，重则涉嫌故意毁坏公私财物罪，被追究刑事责任。

当然，个人对自己所有的动物是可以进行处置的，一般不会产生民事上的法律责任，更谈不上刑事责任。但这并不意味着一个人可以随意虐待动物，并且不会因此遭受任何惩罚。比如一名女子在网上发布虐猫的照片，曝光之后，她被所在单位停职、停发工资，并且向社会进行了公开道歉，这就是一种舆论的谴责。目前来看，要运用心理干预和道德教育，对虐待动物者进行教化和引导，特别是要善于运用和发挥媒体、网络的作用，让广大民众提高认识。

如果是在网上随意传播虐待动物的视频，也会受到处罚。根据2016年7月文化部发布的《关于加强网络表演管理工作的通知》，以虐待动物等方式进行的网络表演活动是文化部门重点查处的内容之一。一旦发现，对提供违法违规网络表演的网络表演经营单位，文化部门会依据《互联网文化管理暂行规定》坚决予以查处，没收违法所得，并处罚款；情节严重的，责令停业整顿直至吊销《网络文化经营许可证》；构成犯罪的，依法追究刑事责任。

目前我们国家对动物权利保护的重视程度正在不断提高。有专家起草了“反虐待动物法”，建议国家立法机关对《中华人民共和国刑法》进行修订，在第六章“妨害社会管理秩序罪”第一节“扰乱公共秩序罪”中增设“虐待动物罪”“传播虐待动物影像罪”和“遗弃动物罪”等罪名。截止目前，专家的建议尚未被立法部门采纳。

法律依据

《文化部关于加强网络表演管理工作的通知》

二、加强内容管理，依法查处违法违规网络表演活动

内容管理是网络表演管理工作的重点。各级文化行政部门和文化市场综合执法机构要加强对辖区内网络表演经营单位的日常监管，重点查处提供禁止

内容等违法违规网络表演活动，包括：提供含有《互联网文化管理暂行规定》第十六条规定的禁止内容，或利用人体缺陷或者以展示人体变异等方式招徕用户，或以恐怖、残忍、摧残表演者身心健康等方式以及以虐待动物等方式进行的网络表演活动；使用违法违规文化产品开展的网络表演活动；对网络表演活动进行格调低俗的广告宣传和市场推广行为等。

94. 虚假诉讼也是犯罪吗?

案例

2012年4月，田某向王某借款150万元，约定待田某厂房拆迁，拆迁款优先支付王某的借款。2013年8月，田某厂房面临拆迁，可以得到补偿款300多万元，但田某当时负债累累，部分债权人已向法院提起民事诉讼索要欠款。2015年初，为使王某的部分债权能够优先受偿，经与田某商议，由王某指使其亲戚郑某、周某夫妇冒充田某工厂的门卫，伪造了几张共计20余万元的工资欠条。随后，郑某、周某夫妇以讨要工资为名提起诉讼，案件以调解结案，该部分款项作为法定优先偿还债权支付给了王某。但很快其他债权人知道了这件事，并向有关部门举报。田某被公安机关抓获，王某、郑某、周某投案自首，法院最终认定涉案4人均构成虚假诉讼罪，并依法判处了相应刑罚。

律师解答

近几年来，虚假诉讼呈上升趋势，为逃避债务、为获得车辆过户、为多分财产、为扩大商标知名度等出于各种目的，行为人到法院打“假官司”，这就是虚假诉讼。虚假诉讼，一般都有预谋、有充分准备，当事人事先合谋，以极低成本伪造证据或毁灭证据，并且制造出双方当事人证据证明力的悬殊差别。

在审理的过程中，即使法官对证据有怀疑，但苦于没有其他证据，只好做出符合当事人意愿的虚假判决。

最高法院发布的《关于审理民间借贷案件适用法律若干问题的规定》列举了可能属于虚假民间借贷诉讼的10种行为，对于如何判断和处理虚假民间借贷诉讼问题作出了具体规定。具体包括：（1）出借人明显不具备出借能力；（2）出借人起诉所依据的事实和理由明显不符合常理；（3）出借人不能提交债权凭证或者提交的债权凭证存在伪造的可能；（4）当事人双方在一定期间内多次参加民间借贷诉讼；（5）当事人一方或者双方无正当理由拒不到庭参加诉讼，委托代理人对借贷事实陈述不清或者陈述前后矛盾；（6）当事人双方对借贷事实的发生没有任何争议或者诉辩明显不符合常理；（7）借款人的配偶或合伙人、案外人的其他债权人提出有事实依据的异议；（8）当事人在其他纠纷中存在低价转让财产的情形；（9）当事人不正当放弃权利；（10）其他可能存在虚假民间借贷诉讼的情形。

虚假诉讼中当事人恶意串通，虚构并不存在的法律关系，骗取有利的司法判决、调解，损害他人合法权益，浪费了有限的司法资源，扰乱了正常的司法秩序，使公众对法院裁判的真实性产生怀疑，严重亵渎了法律的尊严和司法权威。为此，2015年11月1日起施行的《中华人民共和国刑法修正案（九）》增加了诉讼诈骗罪，自此虚假诉讼就可能要承担刑事责任。案例中的周某、郑某夫妇帮助亲戚王某伪造证据，本以为帮个忙，却不曾想触犯到刑律，遭受了牢狱之灾。

《中华人民共和国民事诉讼法》

第一百一十二条　当事人之间恶意串通，企图通过诉讼、调解等方式侵害他人合法权益的，人民法院应当驳回其请求，并根据情节轻重予以罚款、拘留；构成犯罪的，依法追究刑事责任。

《中华人民共和国刑法修正案（九）》

三十五、在刑法第三百零七条后增加一条，作为第三百零七条之一：“以捏造的事实提起民事诉讼，妨害司法秩序或者严重侵害他人合法权益的，处三年以下有期徒刑、拘役或者管制，并处或者单处罚金；情节严重的，处三年以上七年以下有期徒刑，并处罚金。

“单位犯前款罪的，对单位判处罚金，并对其直接负责的主管人员和其他直接责任人员，依照前款的规定处罚。

“有第一款行为，非法占有他人财产或者逃避合法债务，又构成其他犯罪的，依照处罚较重的规定定罪从重处罚。

“司法工作人员利用职权，与他人共同实施前三款行为的，从重处罚；同时构成其他犯罪的，依照处罚较重的规定定罪从重处罚。”

95. 酒驾和醉驾有什么区别?

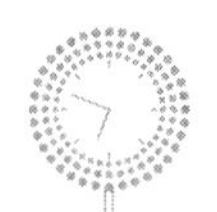

案例

2015年5月18日23时15分许，黄某酒后驾驶电动三轮车倒车时，撞上停放在路边的一辆轿车上，被执勤交警当场查获。经检验鉴定，黄某血液中乙醇含量为165.19mg/100ml，属于醉酒驾驶机动车的行为。法院认定黄某的行为已构成危险驾驶罪，因被告人能积极交纳罚金，认罪态度较好，可酌情从轻处罚，最终判处黄某犯危险驾驶罪，判处拘役2个月，缓刑2个月，并处罚金3000元。

律师解答

“酒驾”是社会公害，饮酒后驾驶机动车、醉酒驾驶机动车严重危害道路交通安全，威胁公众安全，社会大众对此深恶痛绝。目前，饮酒驾驶属于违法行为，按照道路交通安全法的有关规定，可处以暂扣6个月驾驶证，并处1000元以上2000元以下罚款的处罚；此前曾因酒驾被处罚，再次酒后驾驶的，处10日以下拘留，并处1000元以上2000元以下罚款，吊销驾驶证；酒后驾驶营运车辆，处15日拘留，并处5000元罚款，吊销驾驶证，5年内不得重新取得驾驶证。醉酒驾驶具有高度危险性，极易造成恶性事故，严重威胁他人的生命、财产安全，2011年5月1日起施行的《中华人民共和国刑法修正案（八）》规定醉驾入刑，并根据道路交通安全法的规定，由公安机关约束至酒醒，吊销机动车驾驶证；醉酒驾驶非营运车辆，5年内不得重新取得驾驶证，醉酒驾驶营运车辆，10年内不得重新取得驾驶证，重新取得驾驶证后，不得驾驶营运车辆。

醉驾后被追究刑事责任，一般会涉及三个不同的罪名：危险驾驶罪、交通肇事罪、以危险的方法危害公共安全罪，三者对社会的危害性逐渐增加，相应地对它们的刑事处罚力度也从低到高依次增加。醉驾被及时发现并查处、没有造成严重后果的，构成危险驾驶罪，一般会被处以6个月以下的拘役；醉酒驾车造成人员伤亡或财产损失的，构成交通肇事罪，一般处3年以下有期徒刑；醉酒驾车发生交通事故逃逸的，一般处3年至7年有期徒刑；醉酒驾车后发生交通事故、因逃逸而致人死亡的，处7年以上有期徒刑。醉酒驾车若以危险的方法危害公共安全罪定罪、 没有造成重大后果的，处3年以上10年以下有期徒刑；造成重大后果的，处10年以上有期徒刑、无期徒刑甚至死刑。一般情况下，醉酒驾驶的肇事人在第一次肇事后就停止了继续驾驶，没有造成更大的伤亡和财产损失，按照交通肇事罪论处；肇事人在第一次肇事之后继续开车并再次造成严重后果的，按照以危险的方法危害公共安全罪论处。

法律依据

《最高人民法院、最高人民检察院、公安部关于办理醉酒驾驶机动车刑事案件适用法律若干问题的意见》

一、在道路上驾驶机动车，血液酒精含量达到80毫克/100毫升以上的，属于醉酒驾驶机动车，依照刑法第一百三十三条之一第一款的规定，以危险驾驶罪定罪处罚。

二、醉酒驾驶机动车，具有下列情形之一的，依照刑法第一百三十三条之一第一款的规定，从重处罚：

（二）血液酒精含量达到200毫克/100毫升以上的；

96. 剥夺政治权利是什么意思?

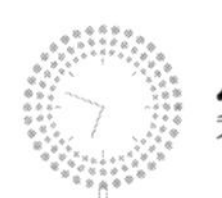

案例

2014年11月27日，周某在超市购物，回到家后发现少了部分所购物品，于是怀疑被超市收银员偷拿，便返回超市讨说法。在要求亲自查看监控视频被拒后，周某突然掏出匕首将9人捅伤。法院经审理认为，被告人周某在公共场所持刀杀人，且滥杀无辜，其主观上有杀人故意，客观上实施了杀人行为，并造成7名受害人重伤二级、2名受害人轻伤的严重后果，周某的行为已经构成故意杀人罪（未遂）。周某在公共场所肆意杀人行为对社会公共安全的环境造成极大危害，严重影响当地的社会秩序，社会危害后果极其严重。周某虽然具有依法可以从轻处罚的情节，但鉴于其杀人主观恶性大，杀人手段残忍、罪行极其严重，社会危害极大，最终依法以故意杀人罪判处被告人周某死刑，剥夺政治权利终身。

律师解答

根据《中华人民共和国刑法》的规定，刑罚的种类包括主刑和附加刑。主刑包括管制、拘役、有期徒刑、无期徒刑、死刑5种，主刑只能独立适用，不能附加适用；附加刑包括罚金、剥夺政治权利和没收财产3种，附加刑既能独立适用，又可以附加适用。

剥夺政治权利是附加刑的一种，它是一种资格刑，是依法剥夺犯罪分子一定期限参加国家管理和政治活动权利的刑罚方法。它是剥夺犯罪分子以下4种权利：选举权和被选举权；言论、出版、集会、结社、游行、示威自由的权利；担任国家机关职务的权利；担任国有公司、企业、事业单位和人民团体领导职务的权利。

对于剥夺政治权利的适用对象，根据规定，对于危害国家安全的犯罪分子必须附加剥夺政治权利；对于故意杀人、强奸、放火、爆炸、投放危险物质、抢劫等严重破坏社会秩序的犯罪分子，可以附加剥夺政治权利，也可以不附加；对故意伤害、盗窃等其他严重破坏社会秩序的犯罪，犯罪分子主观恶性较深、犯罪情节恶劣、罪行严重的，也可以依法附加剥夺政治权利。

对于剥夺政治权利的期限，被判处死刑、无期徒刑的犯罪分子，终身剥夺政治权利；其他剥夺政治权利的期限为1年以上5年以下；判处管制附加剥夺政治权利的，剥夺政治权利的期限与管制的期限相等，同时执行。在死刑缓期执行减为有期徒刑或者无期徒刑减为有期徒刑的时候，应当把附加剥夺政治权利的期限改为3年以上10年以下。在有期徒刑罪犯减刑时，对附加剥夺权利的刑期可以酌减。酌减后剥夺政治权利的期限不得少于1年。附加剥夺政治权利的刑期，从有期徒刑、拘役执行完毕之日或者从假释之日起计算；剥夺政治权利的效力当然适用于主刑执行期间。

很多人不理解，对被判处死刑的罪犯，其生命都不存在了，再剥夺其政治权利有什么意义？这是因为政治权利是宪法赋予公民的基本权利，为了政治上彻底否定犯罪分子，所以在剥夺其生命的同时，应当也剥夺他的政治权利。此外，犯罪分子被判处死刑后，从宣告到执行还有一段时间，在此期间如果遇到赦免，罪犯可能就不被执行死刑，如果被赦免后他仍然有政治权利，就有可能继续危害社会。而且如果不剥夺其政治权利，那么犯罪分子生前的荣誉、出版的作品就可能继续存在，比如他人代替罪犯行使出版权，从而损害国家利益。所以，为了避免出现这些问题，即使判处死刑，也应当终身剥夺罪犯的政治权利。

法律依据

《中华人民共和国刑法》

第五十四条　剥夺政治权利是剥夺下列权利：

（一）选举权和被选举权；

（二）言论、出版、集会、结社、游行、示威自由的权利；

（三）担任国家机关职务的权利；

（四）担任国有公司、企业、事业单位和人民团体领导职务的权利。

《中华人民共和国刑事诉讼法》

第二百五十九条　对被判处剥夺政治权利的罪犯，由公安机关执行。执行期满，应当由执行机关书面通知本人及其所在单位、居住地基层组织。

97. 派出所的权力有多大?

案例

2013年7月15日，为拿回已被法院执行至自己名下的房屋，刘某及家人强行开锁。这时，仍然住在该房间内的李某立即让儿子报警。辖区派出所先后两次出警，劝退刘某等人不要强行开锁，应通过协商解决问题。之后，刘某及其家人再次开锁时与李某发生打斗，双方均有人受轻微伤。随后，派出所作出处罚，对李某罚款500元、刘某罚款50元。但李某表示不服，认为派出所的处罚事实不清、程序违法、适用法律错误，于是诉至法院，要求派出所撤销作出的行政处罚决定。一审法院认为，派出所的行政处罚决定书中没有写入刘某及其家人已经实施过一次开锁行为及派出所两次出警进行劝退的情况，违反了相关规定，故判决撤销行政处罚决定书，并责令其重新作出具体的行政处罚决定。派出所不服，提起上诉。二审法院经过审理后认为，派出所作出的行政处罚决定书中没有全面客观反映双方发生冲突的整个过程，终审判决驳回上诉，维持原判。

律师解答

派出所是市、县（区）公安局管理治安工作的派出机构，是公安机关的基层组织，其主要任务是打击犯罪、维护治安、服务群众。根据《公安派出所执法执勤工作规范》等规定，派出所的职责是人口管理、情报信息收集、安全防范、治安管理和服务群众。其职权主要包括治安行政管理权，治安管理处罚权，治安案件和一般刑事案件调查权等。

日常生活中，老百姓与派出所打交道比较多的就是开具各种证明。但从2016年9月1日起，公安部等12个部门联合出台的《关于改进和规范公安派出所出具证明工作的意见》开始实施。其中规定，凡是公民凭法定身份证件能够证明的事项，公安派出所不再出具证明，老百姓也不用再为开具各种“奇葩”证明跑断腿了。

派出所不再开具的证明包括以下两大类14小类证明：第一类，居民户口簿、居民身份证、护照能够证明的9类事项：公民的姓名、曾用名、性别、身份号码（含15位升18位证明）、民族成分、出生日期、出生地、籍贯、户籍所在地住址。第二类，居民户口簿能够证明的5类事项：户口迁移情况、住址变动情况、户口登记项目内容变更和更正情况、注销户口情况、同户人员与户主间的亲属关系。

从行政法上讲，派出所是公安机关的派出机构，一般来说，公安派出所不具有独立的行政主体资格，因而也不具备独立的实施行政处罚的资格。不过，按照我国治安管理处罚法第91条的规定，警告、500元以下的罚款可以由公安派出所决定。也就是说，警告、500元以下的治安处罚权是法律明确授予派出所的，派出所可以行使以上两种治安管理处罚权，但是超过500元的罚款和拘留，派出所无权作出。根据行政复议法的规定，对派出所以自己名义作出的处罚，当事人如果不服，可以向县级公安机关申请行政复议，也可以向县级人民政府进行复议。根据行政诉讼法及相关司法解释的规定，对于派出所作出的警告和500元以下罚款决定，当事人如果不服，由于派出所是在法律授权的范围内实施处罚，可以直接以派出所为被告；对于派出所作出的超过500元的行政处罚，由于派出所属于超越法律授权，仍然以派出所为被告；对于派出所作出的拘留决定，由于派出所没有法律授权，应以设立派出所的县级公安机关为被告。

关于刑事案件的办理，刑警队是公安机关侦查破案与打击犯罪的主力军，一般的刑事案件都由刑警队负责，派出所主要负责治安案件。不过，根据《公安部关于建立派出所和刑警队办理刑事案件工作机制的意见》，派出所也可以办理一小部分刑事案件，但仅限于辖区内发生的因果关系明显、案情简单、无需专业侦查手段和跨县市进行侦查的刑事案件，包括以下5类案件：（1）犯罪嫌疑人被派出所民警当场抓获的案件；（2）犯罪嫌疑人到派出所投案自首的案件；（3）群众将犯罪嫌疑人扭送到派出所的案件；（4）派出所民警获取线索可直接破案的案件；（5）其他案情简单、派出所有能力侦办的刑事案件。对于其他刑事案件，比如故意杀人、抢劫等，派出所发现后会进行现场先期处置，然后移交刑警队办理，并协助、配合刑警队做好侦查调查工作。

法律依据

《中华人民共和国治安管理处罚法》

第九十一条　治安管理处罚由县级以上人民政府公安机关决定；其中警告、五百元以下的罚款可以由公安派出所决定。

《公安机关办理行政案件程序规定》

第一百四十八条　行政拘留处罚由县级以上公安机关或者出入境边防检查机关决定。依法应当对违法行为人予以行政拘留的，公安派出所、依法具有独立执法主体资格的公安机关业务部门应当报其所属的县级以上公安机关决定。

98. 老年人犯罪是否可以从轻处罚?

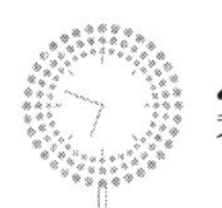

案例

钟某1919年出生，是某地农民。2011年3月4日中午，钟某在当地大街上趁人不备，将姚某车内的钱包偷走，包内装有现金1000元。3月11日，钟某主动退还给受害人900元。钟某被抓获后，法院依法进行了审理。法院审理后认为，被告人钟某以非法占有为目的，秘密窃取他人财物，数额较大，其行为已构成盗窃罪。但被告人钟某已年满92周岁，具有法定从轻处罚情节，且案发后能如实供述其犯罪事实，认罪态度较好，赃款已大部分退还给被害人，根据有关法律规定，判处罚金1000元。

律师解答

随着我国老龄化社会的到来，老年人违法犯罪呈逐渐上升趋势，一些老年人出于种种原因走上了犯罪道路。老年人违法犯罪案件逐年增多，已成为全社会不容忽视的重要问题，这也带来了一系列社会问题。根据一项社会调查，伤害类、诈骗类、公职类以及邪教犯罪占老年人犯罪案件的“半壁江山”。

尊老爱老是中华民族的传统美德。从法律角度看，老年人是弱势群体，其身体、精神健康状况和知识水平逐渐下降是造成老年人犯罪的主要原因。春秋战国时期的《法经》减律就规定："年60以上，小罪情减，大罪理减。"即犯罪人60岁以上，若犯轻罪，可以据情宽容；若犯重罪，则可按理论减；汉朝、清朝等也都有对老人违法犯罪宽宥的制度。因此，不能将他们与普通成年人犯罪一样对待，而是应该像对待未成年人、妇女等弱势群体一样在法律上给予足够的宽容。我国治安管理处罚法、刑法从"矜老恤幼"的传统和老年人心理生理特点出发，对他们的违法犯罪做出了从轻处罚的规定。

一是年满75周岁的人故意犯罪的，可以从轻或者减轻处罚；过失犯罪的，应当从轻或者减轻处罚。这里的"周岁"按照公历的年、月、日计算，以周岁生日的次日算起。在我国，按照老年人权益保障法的规定，老年人是指60周岁以上的公民。刑法之所以如此确定，是因为目前我国人均寿命已达72岁，而且今后还会不断增加，加之老年人犯罪率比较低，因此给予宽宥的年龄定为75岁是合理的。能否"从轻、减轻"处罚的关键在于老年人犯罪时的主观心理态度是"故意"还是"过失"，如果是故意，则由法官自由裁量，既可以从宽，也可不从宽；如果是过失，就必须从轻或者减轻处罚。

二是审判的时候已年满75周岁的人，不适用死刑，但以特别残忍手段致人死亡的除外。老年人犯罪不适用死刑是人道主义的表现，这是因为大部分老年人会因年事已高或体衰多病而丧失再次实施犯罪的能力，不必适用死刑，使用监禁的刑罚即可实现预防犯罪的目的。

三是如果尚未触犯刑律，属于一般的治安案件，对于70周岁以上的人，依法应当给予行政拘留处罚的，不执行行政拘留，但警告和罚款的处罚仍然可以适用。需要注意的是，拘留只是不执行而已，公安部门仍然可以作出处罚决定。治安处罚宽宥的年龄比刑法低了5周岁，这是因为刑事犯罪的社会危害性更大，因此应当予以更严厉的规定。

法律依据

《中华人民共和国治安管理处罚法》

第二十一条　违反治安管理行为人有下列情形之一，依照本法应当给予行政拘留处罚的，不执行行政拘留处罚：

（三）七十周岁以上的。

《中华人民共和国刑法修正案（八）》

一、在刑法第十七条后增加一条，作为第十七条之一："已满七十五周岁的人故意犯罪的，可以从轻或者减轻处罚；过失犯罪的，应当从轻或者减轻处罚。"

三、在刑法第四十九条中增加一款作为第二款："审判的时候已满七十五周岁的人，不适用死刑，但以特别残忍手段致人死亡的除外。"

99. 招摇撞骗和诈骗有什么区别?

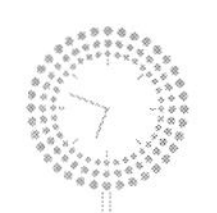

案例

顾某、吴某系同村村民。2013年11月，由顾某策划、吴某配合，用事先准备好的假警服、假警官证及假手铐等物品，在某酒店宾馆冒充警察，通过拨打客按摩服务电话的方式将2名涉黄女子骗至房间，然后使用戴手铐、拍照、搜查等方式对其进行“查处”，并“没收”两名女子“违法所得”人民币350元。案发后，被害人立刻报案，公安机关在涉案酒店将两被告抓获。法院经过审理认为，两人因冒充警察对涉黄女子进行“处罚”已构成招摇撞骗罪，分别被判处2年和1年有期徒刑。

律师解答

招摇撞骗罪是为谋取非法利益，假冒国家机关工作人员的身份或职称，进行招摇撞骗，损害国家机关的威信和正常活动的行为。诈骗罪是指以非法占有为目的，采用虚构事实和隐瞒真相的欺骗方法，使受害人陷于错误，骗取数额较大以上的公私财物的行为。两个罪名很容易混淆，因为两者都有一个“骗”字，都是使用骗术，编造谎言、隐瞒真相、骗取他人信任，获取不正当的利益。

但只要仔细区分，两个罪名的区别还是比较明显的。首先，两个虽然都是“骗”，但是行骗的方式方法并不相同。招摇撞骗罪仅限于冒充国家机关工作人员的身份或者职称进行诈骗，而诈骗罪的行骗手段并不仅限于此，可以利用任何虚构事实、隐瞒真相的手段和方式进行，换句话说，“招摇撞骗”是一种特殊的诈骗。

其次，两者行骗的目的也不相同。诈骗罪获取的是财物，即经济利益，而招摇撞骗罪谋取的非法利益不局限于骗财，还有各种非物质利益，比如骗色玩弄异性，骗取荣誉、政治待遇、服务等。需要明确的是，招摇撞骗罪不排除骗财的行为。

最后，两者构成犯罪的标准也不一样。诈骗公私财物只有数额较大时才能构成刑事犯罪，一般3000元以上1万元以下属于数额较大，而招摇撞骗罪不以金额大小为标准，只要实施了招摇撞骗的行为，都可以构成犯罪。这是因为国家设置招摇撞骗罪的目的不在于骗取财物大小，而是为了打击损害国家机关威信和正常活动的行为。

尽管招摇撞骗罪与诈骗罪有上述区别，但在行为人冒充国家机关工作人员的身份去骗取财物的情况下，一个行为可同时触犯两个罪名，形成一种竞合关系。在这种情况下，按照《最高人民法院、最高人民检察院关于办理诈骗刑事案件具体应用法律若干问题的解释》的规定，依照处罚较重的规定定罪处罚。一般情况下，如果骗取的财物不多，那么打击的重心是侵犯国家机关威信和活动的行为，法院更多会按照招摇撞骗罪处罚；但当骗取的财物金额达到一定程度的时候，打击的重心就会变成骗取财物的行为，会按照诈骗罪处罚，而冒充国家机关工作人员的行为可以成为法院加重量刑的一个考量因素。这是因为诈骗罪规定的刑罚比招摇撞骗罪要重，最高可以判处无期徒刑。实践中，一些犯罪人冒充国家机关工作人员进行诈骗，且骗取财物数额特别巨大，如仍按照招摇撞骗罪定罪量刑，显然不符合罪责刑相适应的刑法基本原则，按照诈骗罪的规定定罪处罚更为恰当。

法律依据

《中华人民共和国刑法》

第二百六十六条　诈骗公私财物，数额较大的，处三年以下有期徒刑、拘役或者管制，并处或者单处罚金；数额巨大或者有其他严重情节的，处三年以上十年以下有期徒刑，并处罚金；数额特别巨大或者有其他特别严重情节的，处十年以上有期徒刑或者无期徒刑，并处罚金或者没收财产。本法另有规定的，依照规定。

第二百七十九条　冒充国家机关工作人员招摇撞骗的，处三年以下有期徒刑、拘役、管制或者剥夺政治权利；情节严重的，处三年以上十年以下有期徒刑。

冒充人民警察招摇撞骗的，依照前款的规定从重处罚。

《最高人民法院、最高人民检察院关于办理诈骗刑事案件具体应用法律若干问题的解释》

第八条　冒充国家机关工作人员进行诈骗，同时构成诈骗罪和招摇撞骗罪的，依照处罚较重的规定定罪处罚。

100. 什么是寻衅滋事?

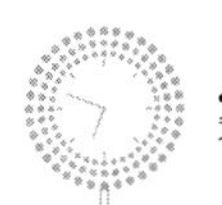

案例

2012年8月10日凌晨，杨某在一游戏机室玩游戏时，因争抢游戏座位与贺某发生矛盾。杨某打电话给于某，让他叫人来教训贺某。随后，于某约来4个朋友前往游戏厅帮忙。当贺某和朋友离开时，杨某、于某等6人上前拦截，当贺某强行出门后，于某等人持木棒追赶，贺某连忙跑到自己车里。杨某捡起地上砖头将贺某轿车的挡风玻璃打碎。待贺某下车后，几个人又将其打倒在地，其中于某持刀将贺某的左前臂砍伤。经鉴定，贺某颈部、左上臂损伤程度为轻微伤，左前臂损伤程度为轻伤二级。法院经审理，认为6人结伙随意殴打他人，情节恶劣，其行为均已构成寻衅滋事罪。但鉴于6人犯罪后自动投案，如实供述其犯罪行为，系自首，并积极赔偿伤者经济损失，取得对方谅解，可从轻处罚。最终，分别判处6名被告6个月至2年不等的有期徒刑。

律师解答

很多人知道“流氓罪”是一个口袋罪名，“流氓罪是个筐，什么罪都往里装”，但流氓罪规定在1979年刑法之中，1997年刑法修改时，将流氓罪分解为现行《中华人民共和国刑法》中的4个罪名：一是强制猥亵、侮辱妇女罪；二是聚众淫乱罪；三是聚众斗殴罪；四是寻衅滋事罪。相比较于前三个罪名，寻衅滋事罪独立成罪后，入罪标准较低，但量刑更重。

根据《中华人民共和国刑法》第293条的规定，寻衅滋事罪是指肆意挑衅，随意殴打、骚扰他人或任意损毁、占用公私财物，或者在公共场所起哄闹事，严重破坏社会秩序的行为。寻衅滋事罪主要表现为4种：（1）随意殴打他人，情节恶劣的；（2）追逐、拦截、辱骂、恐吓他人，情节恶劣的；（3）强拿硬要或者任意损毁、占用公私财物，情节严重的；（4）在公共场所起哄闹事，造成公共场所秩序严重混乱的。但对什么是情节恶劣、情节严重，均未做出明确的规定。

2013年7月22日起正式施行的《最高人民法院、最高人民检察院关于办理寻衅滋事刑事案件适用法律若干问题的解释》对相关问题进行了细化。根据该司法解释的规定，从主观上讲，行为人为寻求刺激、发泄情绪、逞强耍横等，无事生非，应当认定为“寻衅滋事”，比如医闹、非正常上访等都可能构成这个罪名。随意殴打他人致1人以上轻伤或者2人以上轻微伤；引起他人精神失常、自杀等严重后果；随意殴打精神病人、残疾人、流浪乞讨人员、老年人、孕妇、未成年人，造成恶劣社会影响等情况，属于“情节恶劣”。为了防止这个罪名被滥用，该司法解释还规定，因婚恋、家庭、邻里、债务等纠纷，实施殴打、辱骂、恐吓他人或者损毁、占用他人财物等行为的，一般不会被认定为“寻衅滋事”。

此外，根据《最高人民法院、最高人民检察院关于办理利用信息网络实施诽谤等刑事案件适用法律若干问题的解释》的规定，利用信息网络辱骂、恐吓他人，情节恶劣，破坏社会秩序的，或者编造虚假信息，或者明知是编造的虚假信息，在信息网络上散布，或者组织、指使人员在信息网络上散布，起哄闹事，造成公共秩序严重混乱的，都可以按照寻衅滋事罪定罪处罚。这个规定更加符合网络时代的要求，比如某网络红人就因为在网络上编造、散布对国家机关产生不良影响的虚假信息，起哄闹事，被以寻衅滋事罪追究刑事责任。

尽管有上述规定，但是司法解释中的“随意”“任意”“情节恶劣”“情节严重”这些表述需要司法人员进行主观裁量和判断，由于认识不一致，造成在适用标准上并不统一，很容易引起非议，进而被胡乱使用。而且寻衅滋事罪与故意伤害罪、敲诈勒索罪等罪名的界限模糊不清，在认定罪与非罪、此罪与彼罪的过程非常混乱，对相同的案件处理结果却大相径庭的情况时有发生。基于这些原因，有人认为寻衅滋事罪成了一个新的口袋罪名，是“口袋罪中的口袋”，因此有专家建议应当取消这个罪名，不过建议尚未获得国家有关部门的响应。

法律依据

《中华人民共和国刑法》

第二百九十三条有下列寻衅滋事行为之一，破坏社会秩序的，处五年以下有期徒刑、拘役或者管制：

（一）随意殴打他人，情节恶劣的；

（二）追逐、拦截、辱骂、恐吓他人，情节恶劣的；

（三）强拿硬要或者任意损毁、占用公私财物，情节严重的；

（四）在公共场所起哄闹事。造成公共场所秩序严重混乱的。

纠集他人多次实施前款行为，严重破坏社会秩序的，处五年以上十年以下有期徒刑，可以并处罚金。